中内敏夫

心性史家アリエスとの出会い

〝二十世紀末〟パリ滞在記

藤原書店

心性史家アリエスとの出会い　目次

＊本文中絵画は著者筆

心性史家アリエスとの出会い

〝二十世紀末〟パリ滞在記

パリ市街図

⊙は居住地を示す

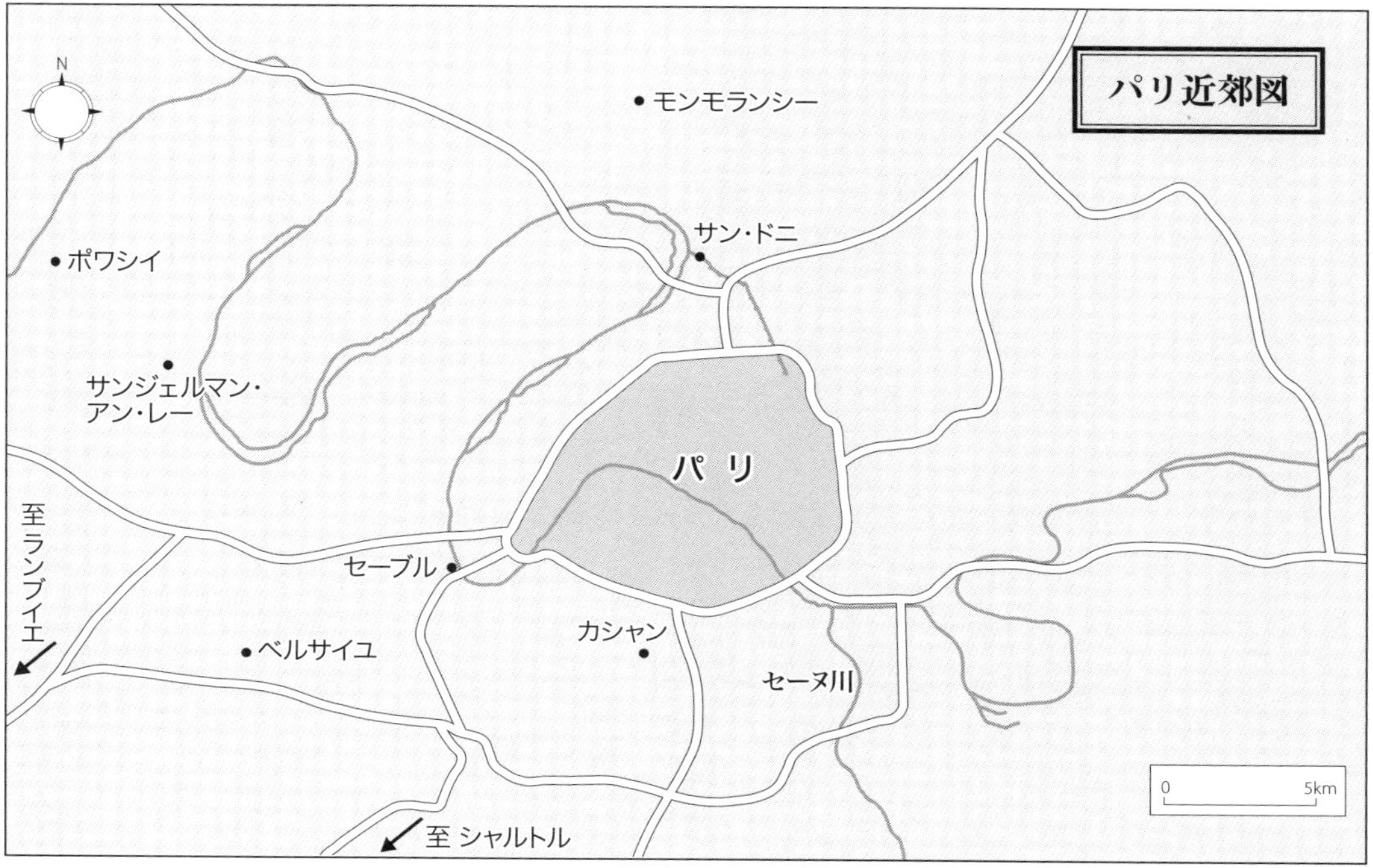
パリ近郊図
N
モンモランシー
サン・ドニ
ポワシイ
サンジェルマン・
アン・レー
パ リ
至ランブイエ
セーブル
ベルサイユ
カシャン
セーヌ川
0
5km
至 シャルトル

序言

一九七九年八月十九日、パリへむけての出発とその後の日録のかたちではじまる本書は、当時、約一〇年にわたり同地で記されたものを、ほぼそのまま若干の解説を加えながら再現したものである。人名その他、不適切なものもあると思うが、これもそのままにした。時代は二十世紀末期、パリにも及んできたグローバルな全産業の企業化の波を歴史あるこの旧都もまぬがれえなかった日々である。

その企業化の日々は、わたしの精神生活を激しくゆさぶった。企業化のあり方についてふれてないわけではない。しかし、その企業化の日々日常を見聞し、記録するのがこの日録の目的だったのではない。内容は多方面にわたっているが、主目的は、社会史の柱のひとつとして知られ、文中にもしばしばでてくるデモグラフィ（デモス〈ひとびと〉のグラフ）という概念のひろがりを探り、かねてその使用者であったフィリップ・アリエスの世界をあきらかにすることにあった。これに関連して、パリ市民や農民の日常に触れ、あるいは、わが東洋の日常との比較、対照に及ぶことにもなった。しかし、これをもって、ひとりのツーリストのパリ滞在記と見られては、残念である。

わたしが、日本にいては聞きなれなかったこの概念とアリエスにひかれたのは、その問題にする人口動態の奥に、史実を表層の選良たち、当然のことながら男たちだけの間の事件史の次元ではなく、深層の、匿名者たちの、日常史としてとらえてゆく手掛かりがあるように思われたからである。往々そうみられがちだが、「デモグラフィ」は人口の統計学（statistics）以上のものではないようにみえる。しかし、使いようによっては、これを、いままで手のとどかなかったデモスのグラフとして活用し、制度史、でなければ抵抗の歴史になりがちだった「教育史」の未知の次元をあらわにすることができる。（フィリップ・アリエスの『〈子供〉の誕生』一九六〇年パリ刊は、そのひとつのばあい。）さらには、民俗学と少しちがった「常民」史を拓くことができる、と思われたのである。

わたしには、この一〇年間にわたる以前の日本での教育史の方法論を正面においた苦闘の日々があった。それあっての、この日録の記する日々であった。この方面の専門家からみると、いろいろ弱点がみえるだろう。それはそれでよい。

最後を、若くして逝った畏友浜田宏章が離郷にさいしてわたしにおくってくれたカール・マルクスによるダンテからの引用文（『資本論』第一版への序言、一八六七年）で結ぼう。

「汝の道を歩め、而して人々をしてその言うに委せよ」。

二〇一四年

フィリップ・アリエス（Philippe Ariès, 1914-1984）

フランスのロワール河畔ブロワに生まれる。ソルボンヌで歴史学を学び、アクシオン・フランセーズで活躍した後、大学の教職には進まずに、〈日曜歴史家〉と呼ばれながら、独自の歴史研究を続けた。その思想は、マルク・ブロック、リュシアン・フェーヴルをはじめとした『アナール』の影響を強く受けている。一九六〇年、『〈子供〉の誕生』（杉山光信訳、みすず書房、一九八〇年）を発表。日常世界の底に流れる感情、生と死にかかわる態度など、それまで人びとが眼を向けようとしなかった領域に眼を向け、歴史学の分野でないとされてきたテーマに積極的に取り組んで注目を集めた。そのアプローチの方法も〈新しい歴史学〉にふさわしいものであった。七九年、社会科学高等研究院（l'École de Hautes Études en Science Sociales）の研究主任となる。一九八四年の初来日が決定し、その計画が定まったものの、実現を前にした二月八日、パリで急逝した。

著書に『〈子供〉の誕生』の他、『歴史の時間』『死と歴史』『死を前にした人間』『日曜歴史家』（以上、邦訳みすず書房）『「教育」の誕生』（中内敏夫・森田伸子編訳、藤原書店）『図説 死の文化史』（邦訳日本エディタースクール出版部）『歴史家の歩み アリエス 1943-1983』（邦訳法政大学出版局）、G・デュビィとの共編著『私生活の歴史』（全五巻、未邦訳）がある。

1　ラスパイユ通り二三六番地

一九七九・八・十九―一九八〇・八・十八

一九七九年八月十九日(日)

新空港成田まだ設備完成せず、都心部の箱崎で、手荷物・関税など、すませる。飛行機の海外一人旅は、初めて。文部省在外研修生としての出張。妻と娘、それに、太田素子夫妻だけの見送り。渡航の目的は、社会史家の発言舞台となる『アナール』誌創刊（一九二九年）のころからはじまり、日本の教育界ではアリエス・ショックの呼び名で拡がった歴史研究の新動向の実態を現地へゆき、できればアリエス当人に会ってみること、これははっきりしているが、問題はその方法、アリエスなる人物はどこで、何をしているのか目下いっさい不明という点。これは少し不安。一〇時三〇分発日航四〇三便パリゆき、予定通り離陸。平和条約なきためソ連上空通過できず、米国領アラスカのアンカレッジ経由でフランスに向かうことになる。

二十日(月)

ド・ゴール空港に着陸。山川茂・陽子夫妻に迎えられる。茂氏は父の職場の同僚の知人。この美術教師がこうねん東京で個展をひらいたとき、私は新宿の会場に彼を訪ねた。風景画がならんでいた。その風景をみつめる黒いふくの男の後ろ姿がどの作品にもかきこまれていた。私たち二人だけの会場と作品のかもしだす空間がぴたりとくみあった。

……話をもとへもどそう。私を乗せた山川画伯運転の車はもうれつなスピードでパリ市区を囲む街路を左岸へと渡りメトロ・ババン近くで市内におりた。近くのホテル、リベリアに宿をとる。トランクを開けようと鍵をあけるだんになってひろいあげの間違いにきづく。同形、同色、同イニシアル、すっかりひとまかせにしたのがいけなかった。たのんで空港に連絡し、かたづけてもらう。のっけからひやり・てさぐりのひとり旅である。

ババンからあるいて、私が引き継ぐことになっているラスパイユのスッディオへゆく。山川夫妻の計らいによる。ここで先住者と夫妻の関係について書いておこう。山川氏は、なんでも戦後の横浜で港湾関係のしごとをしながら好きな絵を画いていたらしい。一九七二年、一念発起、おりたたみ式の自転車を背にパリにわたった。翌年、サロン・ドートンヌ金賞に輝く。その作品を手に入れた日本人が先住者の姉という関係である。家主がバカンスで留守だったので、私は敷金二七〇〇フランをこの先住者にはらった。夫妻が立ち合い人である。老犬二匹とくらすコンシェルジュにあいさつ。

二十一日(火)

これから約一年暮らすことになるラスパイユの部屋（三階）に入る。石畳の大きい道と街路樹。今迄経験した事のない都市空間。不安を内部からつきくずして何者かがふきあげてくる。

東京銀行パリ支店に口座をひらくためにでたついでに、ピラミッドにある国立図書館により閲覧券（カルト・ド・レクチュール）をもらう。パリ郊外にある「大学都市」の日本館にも顔をだしておく。館長夫人まででてくる。特別のことなし。それより、今夜どこで、どうやって、飢えをしのぐかがもんだい。セルフ・サービスのレストランでことをすませる。机、ベッド、テレビ等、先住者からまた貸しでうけとる。今夜からこれらのお世話になる。

二十二日(水)

シベリア経由でおくってあった荷物、留守中に着く。山川夫人に、食材のおいてあるスーパーマルシェの「イノ」、米・味噌・ラッキョウまでおいてある「オリエント」などおしえてもらう。これであのセルフ・サービスのひからびた餌から解放されるとおもうとたのしくなる。

妻あて手紙だす。このとき当方の所番地を間違えて出す。そのため、返事、間違い先（某美術学校）宛にだされ、そこのレター・ボックスに、こちらが気付くまで約一年間さらされることになる。感心したことは、このかん、切手（もちろん日本の）をくりぬいただけで、なかみは手つかずのままになっていたことである。これがフランスである。

二十三日(木)

ババンのメトロの入り口に立っている新聞・雑誌売場で、『プロン・ド・パリ』を買う。この地図で「アリアンス・フランセーズ」となのる語学校を探すがみつからず。その教育のめざすところ、フランス語の純潔を移民の俗語からまもるところにあるという。
在日中、フランス語の日常の場での会話の相手をしてきてもらっていたマリ・ガボリオ、連絡とだえて久し。ラスパイユに電話くれるよう葉書で頼む。アンリ・ワロン研究のため一足さきにフランスへ出発した心理学者の村越邦男君からきいていたパリ日本人会の事務所へゆき、会員登録をする。この会たいへん役立つ。パリにいる日本人の情報が実によく流れる。部屋さがしからはじまり、怪しげな個人のうわさ話まで。大学都市の比ではない。

二十四日(金)
コンシェルジュの部屋をあちこち訪ねてやっとみつけ、カドー(プレゼント)のさいふと花瓶敷きわたす。おおいに効をそうす。さっそく、郵便ポストの名前をナカウチにしてくれる。また塵捨ての地下室を案内してくれる。
音に聞くシャンゼリゼ通りをぬけて日本大使館へゆき在留届けをだす。ふん、てなもの。なにかあった時の用心というところだろう。文化アタッシェはバカンスで留守。勤務校お茶の水女子大の院生から紹介のあったキミ・アマノなる女性を訪ねる。「セルピス・ド・アンフォルマシオン」の仕事をしているので、なんでもたずねてくれという。うすぐらい部屋に一人でしごとをしていた。カンきりのことをフランス語でなんというかの当方にとってはさしせまった質問に彼女はびっくり。帰りにイノで食料の買い物。読み書きに易しく、聞く話すに苦労するフランスでの数生活の日常あいかわらず。

二十五日(土)

エドガー・キネ通りに立つ市にいく。京都、東京での生活で久しく忘れていたこの土の香り、野生の声。リュクサンブール公園へなにげなく入る。ロジェ・マルタン・デュ・ガールの大作『チボー家の人びと』の冒頭、主人公が進路先と成績とつきあわせて思い悩む柵ぞいの道を、わたしもいつしか歩いていた。マロニエの樹は青々と茂っていたが、日本のように蟬がやかましくなきたてることはなかった。これでもエトランジェにはみえないのか、二度もみちをたずねられる。

二十六日(日)

はじめての日曜。八方から湧きおこる教会の鐘の音、この日だけ許される警笛、テレビは国営二本だけで、朝から説教。カトリックの国フランスの優等生の顔。日本の左翼の間でときに弱点として語られていた熱烈なカトリック教徒というアリエスの顔は、この点では、とりたてて特異というものではないことがわかる。

今回のパリ留学にあたっては、家族をはじめまわりに多くの迷惑をかけた。お茶の水女子大学は在外研究のポストを二つ私の所属する文教育学部にまわしてくれた。おかげで、わたしは一年はやく、パリにいけることになる。そしてこの一年がわたしとアリエスとの直接の接触にとって決定的に重要な期間となるのである。

一〇時三〇分すぎ、はじめての電話鳴る。こんな夜おそくにと受話器をとると、周郷博さん（お茶大の先任教授）、ラスパイユ通りの二二六にいる、会いたい、とおっしゃる。このアドレスはわたしの部屋の表示——といった具合で、のっけからふりまわされる。それでも、わたしは、無事についたかどうかきづかってここまでたずねてくれた先生の心づかいを、素直にありがたくおもった。

二十七日(月)

よる、一〇分ほど周郷さんのホテルで話して帰る。ラスパイユ通り、夜おそく、この石（地下鉄用のトンネルをくりぬいたさいできたものといわれる）ばかりでできている大通りをあるいていると、怪盗ルパンがするすると壁をのぼる姿が幻影になって浮かびでてくる。

二十八日(火)

周郷さんとパレ・ロワイヤルまでゆき、本屋をあさる。この地区、完全な日本人街。この石の建物は、構造では日本の農家と同じ、その石の文化版だと感じたままをのべると、周郷さんも、そうだ、そうだ、あれがそのまま文明化したのだ、とおっしゃる。思えば、これが、周郷さんとの、おしゃれできままな最後のランデブーになってしまった。翌年帰国してみると、わが心の師は亡くなっていた。夕刻、山川画伯より電話あり。明日、パリ郊外へ絵を描きにいく、いっしょにどうかとの誘い。

二十九日(水)

城壁だけを当時のままにのこすパリ南方の中世小都市モレ・シュール・ロワーヌ。山川夫人と飛び入りがくわわって、ドライバーの画伯の合計四名。それぞれに陣どって仕事をはじめる。私もスケッチで参加。学部学生時代、ひとりでやっていたころを思い出す。リアルの探検のつもり。パリのスッディオでむかいをかいたものを加えると第二号ということになる。

昼弁当。のりまきの米のにぎり。さらに二〇分ばかり城壁外を走ったところでそれぞれに描く。村のちいさい教会をスケッチする。子どもたちが遠くでサッカーをしていた。フランスの何処でも必ずであう風景。このスケッチ、日本へ帰ってから、一〇号油彩にしあげた。これでフランスの村と地方に少しでもふれえたということ、これが本日の最大の収穫である。

三十日(木)

昨日のこと、帰ってみると、マリの置手紙あり。午後電話する、とあり。今日予告どおりやってきて、靴のままあがりこんだ失敗に気づき、あれ、全然日本式なのね、という。これだけは、かえられない。部屋着も浴衣。

日本出発前、到達度評価の実践と評価で知りあい、フランスでの評価問題研究を約束しあった村越邦男から、朝、電話あり。まだブザンソンでのフランス語の合宿練習中だが、一日にはパリに移るという。当方も、いちおうアリアンス・フランセーズに登録。

三十一日(金)

在日中、波多野完治先生の添え書きまでつけて何度も請求してアンビタシオン(招聘状)をやっともらえたパリ第五大学を地図の上で捜してみるが、それらしきものなし。あとでわかったのだが、校門があって、校舎があって、といったイメージで学校を考えていたのではわからなかった、ということである。第五大学についていえば、それは、セルポン通りにめんしたマンションの一画だったのである。

百科全書派のディドロらの文言を引用してパリでだされた同義語辞典（一八〇〇、一八〇一年）をみると教育はでてこない。自明ということか。フランス革命を深部でリードしたかれらは教育は知育であるとしていた。これだと、グランド、プール、講堂などは、小学校でも無用ということになる。それでは、子どものあいだに、階層による不平等がうまれるというので、この伝統的マンション主義の修正の動きがみられる、とある校長からきいたことがある。大分のちのことである。

九月一日(土)

パリの九月は意外に暑い。朝、マリより電話あり。明日、おのぞみなら、何処かに案内するという。のぞむところ。エドガー・キネ通りに、市立つ。なんでもあり。物乞いまでが、小銭の投げこんであるやぶれ帽子を前に堂々と並んで立っている。

二日(日)

午後マリくる。サクレクールへいく。テルトル広場の絵描きたち、描いているでなく、売っているでなく。マリによると、このあたり、パリで早くひらけたところだという。下へおりてカフェで雑談。ノートルダムに出る。ちょうどミサの時間。しばらくバッハを聴く。

第五大学、それらしきもの、マリの目でさがしてもみつからず。夕食。フランス料理、そこまでは簡単にきまったが、それからさきが大変。フランス人の味への執念にひっかかって、数軒、七、八〇分もまわる。食文化は文化の基礎尺度というが、まさにこのこと。義務的に食事をとってきたわが身、ふりかえらざるをえない。

マリとわかれて、ひとりでバスをまっていると、英語ではなしかけてくる男あり。箱根、奈良、しっている、という。中国人。適当にいなす。こういうちかづき方は、最後は、かねをくれ、となる、ときいていたからだ。帰ると、村越より電話あり。リュクサンブールで会う約束をする。

三日(月)

疲れで、昼過ぎまで寝てしまう。午後三時、リュクサンブールの池の辺で村越とおちあう。藤村、光太郎、荷風らが、往時散策したところだ。パンテオンちかくのカフェでうえていたようにはなす。モンジュにある村越の借家へゆき、近くにある植物園をあるきながら、自分達の研究について、あれこれ希望と不安をかたる。夕食にさそわれたが、マリとの電話約束があったので、ことわってかえる。マリのかわりに、ジュネーブから、アフリカ問題をやっている楠原彰の電話。あす午後パリにくる、という。

四日(火)

アリアンス・フランセーズの会話の練習。教室を間違えおくれてゆくと、座る席もないしまつ。二時間ちかく立ちっぱなし。内容はつまらぬもので、講師はベトナム人の女性。午後三時ころ、楠原きたる。先住者がのこしていったアペリチーフを前にしばらく話す。この種のもの口にすること、はじめて。話は特別のことなし。

七時すぎ、村越、マリとおちあい、ド・ゴール空港まで妻を迎えにゆく。とても時間がかかり、ラスパイユの部屋についたのが、一一時すぎ、マリも村越も遠慮して、バスのなかで別れる。

五日(水)

久しぶりの昼食を、たずねてきた楠原と三人、部屋でとる。ノートルダムなどあるく。コレージュ・ド・フランスで、いまをときめくミッシェル・フーコーの講義を聴く。演壇のうしろまで、聴衆がとりまく。講師は、入ってくるや、背広を投げすてるようぬいで、おもむろにはじめる。楠原によると、フーコーをこの種の論壇にうりこんだのは、アリエスだという。ありえない事でもない。

六日(木)

昨夜かえってくると、コンシェルジュが待っていて、大家がバカンスからかえっている、という。すぐたずねていって、前住者との間で交した契約書を名前だけかえて活用し、金を払ってスミにする。随分いいかげんにみえるが、このあたりにでてくる契約と信用のあいだの関係はフランス人の間では、どうバランスがとられているのだろうか、かんがえこんでしまった。それに、すぐきてくれというので、指定のあった彼の部屋のある七階へゆくと、廊下はまっくら。いくら、防犯の必要上とはいえ、客をむかえるマナーがこれとは。

七日(金)

アリアンス・フランセーズで、しぼられる。おまえ、やる気あるのか、ときた。相手に応ずる教授法という論理の入ってない詰め込み型の典型。山川氏、いすをたたきつけて帰ってきたというのもわかる。

九日(日)

村越から電話あり、明日、ベルサイユへいってみないか、という。ルイ王朝の全盛期に完成、各地王宮建築のモデルになった、というが、つまらぬもの。トイレがどこにもないが、どこで用をたしたのだろう、とへんな心配をしたりする。

帰ってみると、マリのおき手紙あり。明日、約束の国立教育研究所（アンスティチュート・ナショナル・ド・ルシェルシエ・ペダゴジーク）、いっしょにいけなくなった、とあり。日本から手紙をだしてもらっておいた研究所のアンビタシオンには、十日にこいとあるし、こまっていると、夜になってマリきたり、東洋語学院の林ゆき子という学生が代わりをつとめてくれることになった、という。

十日(月)

林君は、六年まえに学習院の国文を出て、フランス人に日本語をおしえる私立学校の教師になるべく勉強中という。女性には学卒後のいろいろないき方があるものだと、感心する。

研究所の方は、こんなところに〈留学〉の日本人プロフェッサーというのが珍らしいのか、山ほど資料をくれる。図書館の利用券もだしてくれる。これは、ありがたい。お茶の水女子大学に一〇ヵ月ばかりいて、日本語も少しわかるから、いつでもこい、といってくれる女性所員まででてくる。

十一日(火)

アリアンスのきびしい方法。三回、そしてできないと、露骨に軽蔑する。これも、ひとつの方法なのだろう。カルト・セジュールのための在学証明書かんたんにもらえる。

またがりになっているベッドの持ち主、石井君をたずねたところ、借りちん一五〇〇フランをかえされ、これでハズと二人をどこかへ招待してくれ、という。この二人、元々、石井の婦人科入院先での患者と侍医の関係なるよし。それで夫婦関係がなりたつところ、われらの理解をこえる世界。この侍医先生、どこかの大学の外科の教員らしいが、かえりの車のなかでユダヤ人同僚の優秀なること、くりかえしはなす。

十二日(水)

アリエスの新著五五フラン二〇で買う。人口動態（デモグラフィ）研究からアリエスの社会史がでてくる経過が、かんたんに書いてある。ものたりない。

帰り、ニコニコして近づいてくる老婦人あり。とうとう入口まできて、一人暮らしかという。アツイと変な日本語を使ったあげく、ドマン（なにかくれ）という。ドマン（あす）は大学でいそがしい、といって、おひきとりねがう。

十三日(木)

カルト・セジュールをもらうときの通訳としてお茶の水女子大学から紹介のあったご婦人、今日になって都合がわるいといってくる。これはこれは、過日の林君に電話してみるが、つうぜず。五時ころ、お茶の水女子大学仏文の石川夫妻きたる。コルシカへ寄って、日本へ帰る、という。パリ着当初、いろいろ世話になったので、「日本語話せます」とハリ紙の出ている近くの中華料理店でごちそうする。

十六日(日)

アリエスの例の六〇年本(『〈子供〉の誕生』)にでてくる絵画を所蔵しているシャンティ城へいく。北駅までいったのはよいが、ここからさき、どの汽車にのるか、キップはどこで買うのか、改札は? ひとつ、ひとつ、あやしげなフランス語でたずねなければならない。城そのものは、なんということもないのだが、周辺がよい。運河、それに一八〇頭をつなぐ十八世紀建築の馬舎。ルソーの影響でできたものというのだが、これにはおどろき。あまりに直線的。

十八日(火)

少し前のこと、かばんを買うというので、近くのスーパーふうのデパートへゆく。ひとつとって品さだめしていたら、店の主人が、マダム、マダムと大声あげてとんできて、品ものをもぎ取り、棚におきなおす。指示して、とってもらわねばならないのだ。きくところによると、わたしがベストをえらぶことに成功するよう汝助けたもうや、と店員にたのみいる方式もあるよし。今日、プラス・ド・イタリーにあるプランタンというデパートでくつを買った。昨日と同じ。それに、おたがい、私語をかわし、お客の顔をみてクスクス笑いをする店員のいる店なんか、日本だったらすぐつぶれる。それとも、日本式商法の方がなにか欠けているのか。

夜、村越より電話。許可証もらうには、未来型で書かれているアンビタシオン（招聘状）ではだめで、現在パリで研究中という現在型の「アテスタシオン」が必要とのこと。

十九日(水)

第五大学の事務局のはいっている建物、今日わかる。村越のいう「アテスタシオン」をもらうための訪問に、石川君に同行たのむが、あっさりことわられる。

二十日(木)

マダム・マツモトをたずねる。アンビタシオンはあくまで入国を許すというものであって、滞在を認めるものではない。村越がどこかできいてきたことと同じ事をいう。石川説をひとりがてんしていたのだ。

二十二日(土)

よる七時すぎ。といっても、新聞が読めるほどの明るさだが、村越宅で福島大の吉原泰助教授と会食。十三区のアレジアにある人口問題研究所（アンスティチュート・ナショナル・デチュード・デモグラフィ。略称イネド）にきている人がいるので紹介しようという。これはありがたい。人口問題研究所といえば、アリエスのデモグラフィ研究のフィールドのひとつになっているところだ。自分の研究の中心部に確実にちかづくてがかりをえた思いをえて、胸おどった。

吉原夫人は、これがまた、なんと、東大教育某研究室の事務補佐をしていたことがある、という。教授がぼくはソバというと、助手さん、たのめるものがなくなって大困りというはなしきく。吉原さんからは、社会科学としての教育学を唱え進歩的教授ともくされてきた教授（つぎつぎ公刊されるその著作を、大学生協や河原町の新本屋で買い、なにか救われるものがと期待にあふれて読んだものである）が福島大学長としておこなった数々の「悪事」を、福大教組委員長の立場から聞かされる。留学生どうしの集まりとは妙なもので、これが、石川君がいっていた、週刊誌的情報がよくながれる、ということなのだろう。

二十四日(月)

今朝思いつき、「アテスタシオン」は、すでにアンビタシオンをもらい、挨拶もすませた国立教育研究所からもらった方がとおりがよい事にきづき、依頼の電話する。明日きてくれ、という。受話器をおくと、どっとつかれがでる。簡単なこと、それに気づかないのが、きまじめな初心者の特長。村越のいうに、三ヵ月ほど電話に手がでなかった、よし。今朝はやく、かすかに、犬の鳴き声を聞く。パリでは、犬をなかせてはならない事になっているから、幻聴だったかもしれない。パリには犬があふれているのに、これまで、その声聞いたことなし。

二十五日(火)

今朝、国立教育研究所へゆき、ここの「スタジエール(研修生)」であることの証明をだしてくれ、という。なんでもないことのようにきこえるが、アンビタシオン依頼の手紙を日本からだすとき、その呼称をみつけるべく、どんなに苦労したことか。さいごに探しだしてくれたのは、心理学者の滝沢武久さんだった。よろしい、木曜日にきてくれ、用件はそれだけか、と受付の女性がおっしゃるので、当方の問題意識を説明しはじめると、今後は通訳をつれてきてくれ、研究者を紹介する、という。どうやらはなしがへんなほうこうにすすみかねない。午後、マリくる。

マリと第五大学へいき、「アテスタシオン」の件頼もうとするが、セクレタリーの対応のすごいこと、昼ちかくになっていたせいか、話しはじめると、ドアをバタンと閉めるや、がちゃがちゃ鳴らして錠をおろすしまつ。直接スニデール（パリ第五大学教授、教育哲学者）の部屋にはいる。日本で彼からうけとったアンビタシオンに、準備してきた日本国文部大臣の出張命令書を添えてだしたのが効をそうしたのか、あちこち電話した結果、若い助教授のプレザンスが学部でおこなう講義をきくことになった。プレザンスにあい、カリキュラムをもらう。人口問題研究所、社会科学高等研究院などでの教育研究の様子をきいてみる。

プレザンスの講義をきいて心にのこったのは、講壇でしばらく講義すると、学生のあいだに下りてきて座り、今すませた講義内容について討論。これのくりかえしののち、最後に総括。——当然のことだが、私は、京大の学生時代このような講義をきいたことがなかった。ある年度の社会教育概論、学年末試験になると当日黒板に出題するという。ところが当日試験場でいつまでまっても、先生あらわれない。事務にききにゆくと、後で掲示板に題をだしておく、とのご返事。これで通る世界とプレザンスと学生たちのいきている世界をへだてているのはなにか。考えてしまう。

プレザンスとはその後何回か会った。国際教育史学会マドリッド大会、チューリッヒ大会……。幼児教育専攻とのことだった。今日、マリの協力で、第五大の件、大前進。ありがとう。アルバイトがあると言うので、サン・ミッシェルとサン・ジェルマンの交叉点でわかれる。夜、シテ島に石井君を訪ね、夫君をまじえ、日本料理のごちそうをする。ベッドのかりだい。

いそがしい一日だった。

二十六日(水)

マリより電話。三時にならぬと、いけぬ、という。ききのがしていたが、第五大では明日のこととして、レオン(パリ第五大学教授、教育史学者)とあう事になっていたらしい。そのことをいうと、いや、大丈夫、私からレオンに電話して断ってある、とマリ。いやはや。

楠原、ケニアより来信。

二十七日(木)

朝、国立教育研究所に行くと、午後迄待ってくれ、ディレクターのサインがまだできてない、という。留守宅の管理をたのんである義母がもたせてくれたしましまの人形をわたすと、「トレ・ジョリ(かわいい)」と大喜び。ごあいそか、本気か。

昨日、村越と雑談しているうち、預金の残高証明をもっていったほうがよい(移民対策のひとつとして行われているらしい)ということになり、ピラミッドの東銀支店までとりにゆく。かえりに国立教育研究所に寄り、ここに漸く在学証明書、いわゆる「アテスタシオン」をもらう。この研究所はアリエスとは直接の関係のないところ。ついでにとおもってアンビタシオンをもらっておいたのが、予想外の効用をもたらした、ということだ。

帰って来てしばらくすると、妻が、パレ・ロワイヤルのデパートへいったが、その貧弱さに驚いたといって、かえってくる。まえにも書いたかもしれぬが、パリは、専門店主義なのだ。この専門主義は、万事、万事にわたっている。大量生産と大量消費の「企業化」社会とはあわないのである。

二十八日(金)

シテ島にある警視庁で無事カルト・セジュールの登録をおえた。直前になって、大家の証明が必要なことがわかり、いそぎもらいにゆく。相手在宅中ですくわれたが、ヒヤリの一件。

昨日もらった国立教育研究所の在学証明と国立図書館（ベー・エヌ）のカルテでパス。あと三〇分もかけての珍問答。係官（女性）のいわく。汝の義母の出生地と生年月日如何。汝、汝の妻との結婚登録をなしたるは、何年何月なるや。小生、かたわらなる妻の助けなしには、いずれにもまともに答えられず。係官、「おお、ジャポネーズ・プロフェシュールよ、フランスではちょっとみかけない風景です」。すぐうしろに並んでいたおなじ日本留学生、ぼくは、同じような質問があること教えられていたからと、同情する始末。カルト・セジュールでは苦労したといっていた石川君のことを思いだした。

日本は家族社会だというが、フランスは別の意味での家族社会といわねばならない。デモグラフィは、これを社会基盤に発展してきた概念ではないか。

三十日(日)

今日からパリは冬時間。朝、通学、通勤の列がうすぐろく、窓ごしに見える。ブローニュの森へゆく。森そのものは、つまらなかったが、「芸術と民衆伝統」博物館（ミュゼ・ナショナル・デザール・エ・トラディシオン・ポピュレール）の売店で、おもわぬ拾い物をした。アリエスが心性史に活用したことで有名になった「人生の諸年齢段階図（デグレ・デザージュ）」の複製版（上図）をみつけたのだ。三六フランはたかいが、即購入。つぎに訪ねたときにももとめたが、品切れだった。それに、F・ルウの『ジュネ・ザンファン』も目にとまったので買う。

十月一日(水)

中央大学助手の竹永君に通訳をねがって、アレジアの人口問題研究所へゆく。まず、外国人留学生受け入れ役をしているジャクリーヌ・エシュト教授にあい、図書館の利用券そのほかをもらう。これはありがたい。デモグラフィ関係の文献が、国別、分野別にカード化され、整理されているのだ。

パリ第五でプレザンスが教えてくれたアラン・ジラルド(国立人口問題研究所所員)に会う。当方の問題意識をのべたところ、おまえの言うことは、ボーとしていて、よく分からない、この本を読んでもう一度でかけ直してこい、といって、彼の序文がついている『人口と教育(オンセーニュモン)』と題する論文集をくれる。乱暴ないいかたをするひとで、竹永君までうっすら汗をかくしまつ。最後に、オジャマしました、オユルシください、というと、なんだお前、フランス語できるじゃないか、そんなら、こんな男はいらん、と竹永君の方へアゴをしゃくる、ありさま。プロスト(人口史研究者)の本よんどけ、とタイトルを紙きれにかいて渡してくれる。

十月三日(水)

村越と国立教育研究所へゆき、教育学博物館(ミュゼ・ペダゴギーク)をみる。どこかの部門がストライキ中なのか、「われわれは、処理しきれない」とハリ紙があって、荷物がやまとつまれている。村越、ここは四月までにして、あと帰国するつもりになった、という。彼には陰に陽に世話になった。寂しくなる。

四日(木)

ポンピドー館十二階で、「パリ・モスクワ展」なるものあり。革命直前、後の社会主義プロパガンダ期のパンフレット類、同じく二、三〇年代リアリズム期のものなどに整理されていて、日本の「新興教育」の評価をめぐって、プロレタリア絵画をめぐって、更には、黒沢映画「わが青春に悔いなし」の評価をめぐって、浪人仲間でけんけん、がくがく、はてることなく、議論していた東大院生のころをおもいだす。整理すると、社会主義思想は自然発生をまつものなのか、これをしりえたインテリゲンチアが労働者に「アジ・プロ」するほかないものなのか、が主題。

五日(金)

イネド(人口問題研究所)へゆき、午前中だというのを無理いって一冊だけかりてくる。無理をきいてくれた男に、まだフランス語がよくできなくてと言い訳をいうと、日本人はみな苦労するそうだよと、かたをたたいてくれる。プラス・ド・イタリーのプランタンへいって、ショッピング・カーをかい、水と葡萄酒たっぷり買って帰る。

六日(土)

郵便箱に「産制と中絶」の自由をもとめる女性デモのビラが、ちいさく一枚だけはいっていたが、やがて、このはば五〇メートルばかりのラスパイユ通りがデモ隊でいっぱいになり、こいちじかんもつづく。

八日(月)

今日ようやく、太田君夫妻がパリで迎えをたのんでくれたニッコー・パリ支店長に礼にゆく。まずランデブーをとるのに一五分、その時間にゆくと、秘書が途中でおしゃべりをはじめ、これで三〇分、返事がかえってきたのが一五分後、計一時間。店長、弁解して曰く、「これがパリ時間、そのうち、なれますよ」。

九日(火)

村越とモンマルトルの墓地をみてまわる。ハイネ、ゾラ、ゴヤ……。われわれをみつけて、この辺りは、芸術家の墓が多い、これはグラン・エクリバンの某(『失われし時を求めて』の著者のことらしい)、これはオペラ歌手の某などと説明してくれる老婦人あり。

墓地をでると、この一角、ポンビキの集合地になっていて、妙な日本語でわれわれにさそいかける。過日も同じことあり。ここでは、男も女も区別なし、存在するのは、個人当人の発意のみ、そのうえでの家族なのだ。

「京子」で、夕食。日本酒なるもの、久しぶりに飲む。

十一日(木)

モードとコスチュームの博物館(ミュゼ・ド・ラ・モード・エ・デュ・コスチューム)が主催した子ども服装史展をみにゆく。ありがたい史料入手。きせかえ人形など、日本そっくりのものもあり。おそらく日本のほうが、輸入したのだろう。

十二日(金)

子どもたちにと思いかってきた鉛筆削り、よくみるとスペイン製。この地での買い物、気をつけないと、こうなる。日本製を有り難く戴いてきたりする。

十三日(土)

パテとよんでいるソーセージがあたったのか、夜中に下痢で苦しむ。義母、娘より手紙。ことなき毎日の由。

十四日(日)

快晴。足元もしっかりしない有様だったが、思いきって、郊外電車でムドンまで、でかけ、元のアトリエを改装したロダン美術館へゆく。十月いっぱいで閉まるというので、まえから計画。ババン四つ角に依頼者が受け取りを拒否したというロダン作バルザック像があるが、その習作が、ここムドンのミュゼに二点（七点ともいう）ある。ひとつは、バルザックの太鼓腹の裸像、次のはマントをまとったものの、シンボルがのぞけるよう、わざと裾を広げてある。ミュゼはなかなかみつからず、三人ほどに尋ねて、やっとたどり着く。二人目の男はかぎを開け、中庭をとおして、アレだと指さし、「ボンジュルネ」といった。入り口にベンチがおいてあった。老女が二人腰掛けていて、われわれをみるとこういうのである。「アメリカ　ドースル、アメリカ　ドースル」。

この地帯をふくむパリ郊外一帯は、「赤いベルト」とよばれ、革新色の強い地域であることに、このときになって気づく。

十五日(月)
人口問題研究所へゆき、エシュトから約束の文献目録を受け取り複写する。英米系のデモグラフィ教育の目録であって、必ずしも教育のデモグラフィカルな研究文献の目録ではない。アリエスの教育研究は稀少だということである。研究所のだしている文献二冊ばかり買ってかえる。

十六日(火)
村越にさそわれて、パリの日本人小学校の授業みにゆく。小二のフランス語（フランス人教師）、中三の理科。日本の授業が、そっくりそのまま移ってきたというところ。校長の曰く、ここにくる児童の七、八割は、十六区の高級住宅街に住んでいて、母親、奥様たちは、お互い親密な関係で、フランス語のフの字も使うことないままくらしている。日本の商社が維持費の多くをだしている学校だから、大学教授の息子よりわれわれの師弟を優先入学させるべきだ、と主張する由。思い上がりというまえに、無知というべき話なり。
夕刻、トゥルネフォイユ通りにある女子寮へゆき、マリに明日からの学校訪問の集合点に決めた国立教育研究所への地図をわたそうとするが、できずじまい。

十七日(水)

国立教育研究所を介して、十一月五日から月、水曜日の午後、小二校、コレージュ、リセをたずねる計画きまる。

マリが将来金持ちになったらここにあるシャンブルを買って住みたい、というメゾンの並んでいるムフタール通りのゆるい坂道を、くだりつ、のぼりつ、しばらく散歩する。通りに面したカフェのテーブルで休む。マリ、いう。「セ・パリ」。

なんという安らぎ。ラスパイユやシャンゼリゼ、十六区住宅街にはない静かなゆとり。それでいて、活発にゆきかう商人たちのあきない声、新鮮な食品、しずまりかえる教会。シトロン、エクスプレソたのむ。俺も金があったら、この一室かうよ、といってわかれる。

イネドのジラルドから手紙もらう。返事、マリに直してもらう。二ヵ所ばかり。少し進歩したということか。

夕刻、マリがまたきたので、ルーブルに無料パスの発行を依頼する手紙を書いてもらう。日本で留学書類をととのえていたとき、そういうものがあることを、京都の旧知の画家からきいていたのだ。

十八日(木)

ユネスコにゆき、アラブ関係教育部門担当のマドモアゼルからはじまって、なんにんもとあう。イネドでは一部しかないので、門外不出、コピー版になった人口教育関係の文献目録、実物をもらってくる。

二十二日(日)

パスカル、ラシーヌらジャンセニストの精神的拠点だったパリ西南一八キロばかりのポール・ロワイヤル・ド・シャンの女子修道院をたずねる。日本人会の提案によるもの。妹(姉？)がこの修道院にいた関係で、パスカルとの関係が生じた由。

付設の「小さな学校」あり。この学校も、宗教施設もジェスイットによって破壊され、墓まで掘りかえされた。「小さな学校」は再建されていた。パスカルの悲劇性は、三木清のパスカル考で研究がはじまる大正デモクラシーの悲劇性でもあるのだ。なぜか教会の壁の一部と鳩小屋が原形をとどめていた。私は、自身の日本二、三〇年代研究の将来に思いをはせざるをえなかった。

二十三日(月)

昨日の疲れか、足のつけねがきりきり痛む。パリの学校の現状となると、いわれるままにいいところだけを見せられて、良しではすまぬ。『ル・モンド』紙によると、あるコレージュでは、生徒の三分の二近くがプレハブ授業だというので教師たちが立ちあがった、性教育が義務になったが、実態は避妊法の授業になっている、なんとかならないかと、教員組合が要求している、等々。国立教育研究所の訪問調査も、よほど工夫しなくてはならない。

二十四日(火)

パリ第五へ。教育史のレオン教授に会いにゆく。かれのテキスト、手続をたのむ。

二十五日(水)

ミュゼ・デザール・モデルヌ（近代美術館）へゆく。その一部に、ミュゼ・デ・ザンファン（子どもの美術館）がはいっていて、「子どもの歴史」（イストワール・デ・ザンファン）と題されている興味ぶかいコーナーがある、と新聞広告にある。六フランもだしてのぞいてみると、これはひどいもの。アルゼンチンのある男が、「童心」を売り物に作り上げたもので、第一、ミュゼ・デ・ザンファンという発想そのものが、あやしげなもの。パリのミュゼなるものをあまりに信用すると、こういうことになる。横光利一のいう、パリの「下心」という怪物である。

二十六日(木)

サクレクールにのぼり、サン・サクレをみて、青空絵描きの溜まり場になっているテルトル広場へはいったところで、五、六人のチンピラにとりかこまれる。ぶつかってくる。脇をしっかり固め、妻にいそごうといって、足早にぬけようとする。相手と至近で目があう距離。カメラとバッグをねらっての、ひったくり。似顔絵をどうぞと、女の絵描きによびかけられたことは記憶にあるが、あとは夢中。ポリスの姿がみえたので、ちかよっていったところ、今、日本人の絵描きが、あやしい連中というので警察をよんだところだ、という。

「ナニモナカッタデスネ」と日本語でねんをおされる。「キヲツケテクダサイヨ」「ボクハモウ三カイツカマエタ」という。礼をいって、サン・サクレへきてみると、連中、まだ教会まえの広場の手摺近くで、うろうろしている。教会の中へ入ってしばらく様子をうかがい、別の道を通ってかえる。

アリアンスでは、指導主事による教師の「エグザマン」があった。主事先生、学生のあいだに座り、秘書、他の教師たちをはべらせて、担任教師に授業をやらせる、というもの。パスしたときの当の教師のよろこびよう。二〇分ほどやり、当人を廊下に呼び出し、一〇分ほどの講評。学級王国主義の日本でこれをやったら、どういうことがおこるだろう。似たようなものを日本でみたことがあるが、なにかが決定的にちがう。

小雨になる。路ゆくフランス人たちは、誰も傘をささない。すぐ止み、すぐ乾くからだ。

二十七日(金)

しばらく前から計画していたロワール河流域の城廻り、シャンポール、シュノンソー、など、ダビンチが仕事をしたという部屋は残念ながら立ち入り禁止。

朝五時半に起き、往復六時間のバス旅行。出発前グループからはぐれた妻が現れるまでたのみこんで待たせたバス、その入口でガイドと当方のあいだにおこった珍問答。当方らの一日コースと一泊の二コースが、同時に同じ場所からの出発だったらしく、日本語のできないガイドとフランス語ぺらぺらでない当方が、英語で珍問答。

ツーデイ?（ツー、デイズといっているつもりの当方）ガイド、ツデイとうけとり、勿論、ツデイと答える。フランス語のよく出来る日本人乗客がこの一泊コースにいて、ことをかたづけてくれる。当方がまちがえていた事がわかる。出発寸前に乗り換え。

お互い片言どうしの会話は、たいへんあぶなっかしいものだということ。ガイドが気をきかせて、英語をもちだし、それにこちらがのったのがいけない。

二十八日(日)

マリから電話あり。日本の商社が募集している通訳の仕事にアルバイトとして応募したいが、履歴書の書き方を教えてくれ、という。お安い御用と応じたものの、制度の違う国の学歴をどう訳すかで、ひと苦労する。マリは、グランゼコールの東洋語学校卒だが、これを直訳すると、日本では、大学よりレベルの低い語学の専門学校の意味をもってくる。

二十九日(月)

竹永君が電話してきて、コレージュ・ド・フランスの講義がはじまったが、ききにいかないか、という。もちろん、よろしい。

テレビに、アランがインタビューで、でてくる。歳とったのか、「コマン」とか、「パルドン」をくりかえしている。

三十一日(水)

京教組の大麻君の紹介で、労働者教育の資料集めにやってきた京大の女子院生、村越も加わり三人、マルクス・レーニン研究所(モーリス・トレーズ研究所と改称していた)、ロマン・ロランが創立に協力してピガールにつくられた労働者自由大学と、まわる。当方も何点かあつめる。

十一月一日(木)

パリ市内、万聖祭でひっそり。「聖人」たちを祭る日であるとともに、先祖の墓参りの日でもあるらしく、墓地の前には、花屋がびっしりと並ぶ。テレビは、市内三ヵ所にあつめられている墓所の番組をくんでいた。そのひとつとして、アリエスが近著『歴史における死』を語る番組あり。テレビがポンコツのため、声は、殆どテープにはいらなかったが、顔は、はじめて、じっくり拝顔、高齢にみえるが活力にあふれ、カタコンブの説明をつづけるさま、ながく、くっきりと記憶に残る。……思えばながい、ながい時間と空間をこえての出会いであったのだ。日本を出発するまえ、こちらのぶしつけな要求にこたえて、手書き(かれは、タイプをつかわなかった)の返事をくれたかれ、これでこえ、かお、もじの三つがそろったことになる。後一歩である。

三日(土)

部屋で国立教育研究所が紹介してくれた実験小学校訪問の準備をする。京大の稲葉宏雄より来信。十一月末までに、「到達目標と方向目標」というテーマで四〇枚ほど書いてほしい、という。また、「がつがつ勉強ばかりしてないで、おおいにあそぶべし」ともあり、あそんでおられるものか、この稀有の時間を。

六日(火)

ラスパイユでおちあって、村越夫妻と、サン・ラザールにあるコンドルセ中学へいく。校長室で一寸、話する。予想していた事だが、教師ひとりひとりの自立主義に、あらためて驚く。

この女性校長のいうには、授業をみたいなら、みてみたい教師に、自分で直接電話して了解をえなくてはならない。親の授業参観というような制度はない。P・T・Aはあるが、かれらは授業のスペシャリストではないから、口だしできない……。結局、これという教師とランデブーをやりなおし、出直すことになる。それでも、これでモダンということらしく、共学だったし、「男の子にも、手料理（クイジーヌ）をやらせている」とは、校長の自慢するところ。

勉強になった。このちがい、これは、なんだ。この「専門」家主義、それが実質をともなうかどうかは別にして、そういうものがあるかのように主張することによって、教育外の権力や利害がこの世界に介入してくるのを防ごうとする。日本にもこれににた主張はあるが、どこかで決定的に違うようにおもう。

十日(土)

急に思いたって、運河をもつランブイエの森へでかける。身をきるような寒さには、まいったが、目をみはる絶景。
むかし絵葉書でみて、こんな美しい世界などあるはずがない、自然美はまさしく、自然そのものが創るのであって、人工、つまり技術のつくりだす自然美などありうるはずがないという日本人としては、ごく常識的な概念が、うちくだかれる思いがした。技術がつくる自然美といっても、これは技術が自然を使ってそれぞれにワザを競っている日本の「ボンサイ」とは根底で違う。その人工の自然美が、いま、眼前に、ひろがる。湖をへだてて、離宮らしき建物をみる。
マリ、過日の通訳応募の相手から返事があったが、電話番号を教えてくれにこまっている、という。個人の存在しない日本社会では常識の範囲にはいることが、フランスではその外側にはみでる。

十一日(日)
国立教育研究所の近くまで路地をぬけ散歩する。何枚か建物をスケッチする。「私立学校教員組合」と、小さな看板がでていたりする。個人加盟制にふさわしい小さな看板。

十二日(月)
オーギュスト・ブランキー通りにあるマルクス主義関係の教育研究所に寄り、ここでの講義を

私立学校教員組合事務局の看板のみえる路地　F6　1982年　パリ14区

集めた、女性史、児童論関係の講義録「オントレ・デチュード・エ・ド・ルシェルシェ・マルキスト」買ってかえる。

十三日(火)

午後、女子師範学校を訪ね、付属小学校の体育の教生による研究授業をみせてもらう。日本の教職課程にみられるものより、はるかに徹底した専門または職業教育。どう受け取ればよいか。

十五日(木)

午後、セルポンテ通りにあるリセ・フェヌロンを訪ねる。授業はみせてもらえなかった。校長(女性)のはなしから推すに、女子のエリートをフランスの制度としては例外的な選抜制で集めるこの高校の日常は、「理性の教育」に徹する、こと。しかも、このエリート主義を意識することによって生じる精神のひずみ全くなし、というところが、その特徴。そううまくいくだろうか。村越にいわせると、「フェヌロンが泣く」だが、校長は自信たっぷりで、昨年から、男子を少しずついれはじめた、という。「理性の教育」の現場をみられなかったのが残念。

十六日(金)

朝、ようやく連絡のついた津田塾大学の伊藤るり君と社会科学高等研究院でおちあい、パリ大学にはないあたらしい動向についてきく。新年度の講義要綱をもらったが、期待していたオズフ(同院教授、読み書き能力研究者)らも本年度は休講だったり、別テーマだったりで、期待できない、という。

午後、パリ西北の隅、もう一歩で市外というところにある実験小学校を訪ねる。校長が校外まで迎えでて、どうぞ、どうぞ、という。やっていたのは、いいだしっぺのイギリスやアメリカで、親の猛反対をこうむっている例のオープン・スクール型の授業。ここでも、校長自身、賛成でないが、国立教育研究所の要請で止むなくというところらしい。接待用の椅子もテーブルもない、がらんとした校長室で、話をきく。

教員室も、負けず、劣らず、三坪ばかり部屋に、細長いテーブルと椅子が雑然と並んでいるだけ。教員室の簡素さは、どこでものこと、この小学校の特徴ということではない。盆栽から印刷機まであり、全員がどこかに、椅子、机を持つ日本の教員室とのこの違い。その深部にあるもの。

十七日(土)

昨日のつかれ、一日ごろごろ。某社より本二冊。お茶大の例の安物の教職教科書シリーズで、『教育方法』と『日本教育史』。パラパラとページをめくっていくうち、暗い気持ちになる。数ヵ月たてば、日本へかえり、またこういう世界とつきあわねばならないのだ。

十八日(日)
京大にいる友人の稲葉から依頼のあった原稿の構想、あれこれ考える。夕刻、うさばらしに、すこし歩く。アレジアのほうから大学都市、そしてオルレアンまで歩く。

十九日(月)
アリアンス、進級したところで、いきなり、日本の茶道について説明してくれ、とおっしゃる。スイス人教師。もうこのあたりで、と思いはじめる。
ルーブルから無料パスのレッセ・パッセをおくってきたので、まず、だいたいの構造を頭にいれるべく、一時間ほどかけてぐるっとまわる。

二十日(火)
昨日、電話があったので人口問題研究所へゆき、スタジエールの部屋で、竹永君から来年五月の国際人口学会の出席登録カードをもらう。

マンションのガレージに泥棒がはいったらしく、コンシェルジュおおさわぎ、はり紙まででる。当方、そのようなものの個人別の存在、このときになって、はじめて、知る。あけてみると、莚が一枚敷いてあるだけ。

二十一日(水)

ユネスコへゆく予定をかえて、パリ市役所が、今年たまたまいろいろのかたちで行われている国際児童年行事のひとつとしてやっている「パリの子ども展」のことをおもいだし、でかけてゆく。写真と遊具の展示だけのものだったが、けっこう、みごたえあり。第一次世界大戦前ころのパリの子どもを写した写真が圧巻。一方に裏通りの貧しい家の子どもを写した一枚があるかと思えば、他方には、バカンスで植民地へでかける子どもたちのものといった具合。セーヌには、木製の橋桁の橋がかかり、河岸は今日みるような石とセメントで固めたものではなく、土の道路がだらだらと崩れて川辺につづく自然路。そこで、子どもたちが遊んでいる。

シャトレまで足をのばし、ポンピドー館近くの本屋で、大戦前のフランスとアメリカの子ども用着せ替え人形、こんどは、買って、かえる。これも国際児童年のもよおしのひとつということらしいが、輸入品で、二冊で計四二フラン。

二十二日(木)

プレザンスがやっている筈のパリ第五大学の講義「教育史」（イストワール・ド・エデュカシオン）に、でてみる。毎週木曜四時半からやっているはず、当方の出席が、今日までのびてしまったのだ。それでも、始まったばかりか、昨年度のレポートの回覧あり。つづけて、研究方法の説明、あと、質問、回答と、まえにも書いたが、ていねいな講義。

二十三日(金)

コンドルセ中学で、数学の授業をみせてもらう。「スチアン」(soutien) という学力回復クラスの授業がおもしろい。日本で、「いのこり」とか、「とくべつ」とよばれているものに、外見はにているが、内部の人間関係で違う。子どもたちの間にひろがるジメジメやギスギス、の気分などまったくなく、反対に自分を売りだそうとする。教師は教師で、問題は、この連中よりも、できる子たちのほうだ、という。両者は、おそらく、裏表の関係にあるものだろう。根底にある、公教育学習関係の彼我の違いに、思いをはせざるをえなかった。深部のここが違うのだ。

二十四日(土)

ラスパイユを描いたスケッチに、日本からもってきた岩滓で色をつけてみるが、気にいらない。

暗い絵になる。

二十五日(日)

社会科学高等研究院の講義目録に、なんとアリエスの名前がでているのをみつけ、こおどり。村越がもってきてくれたのだ。アリエス宛の手紙をかき、マリにみてもらう。まったく書きかえ。拙のもの——おずおずと、自己紹介からはじめ、フランス語はまだよくできないが、と自己弁解……

マリのもの——講義に、参加させてくれではじまり、自分はこういう者であると自己紹介。語学力には、いっさいふれず。

対人関係、対応力の、彼我の決定的違い歴然である。

今日は、拙、五十歳の誕生日。あれは出発をまえにいそがしくしていたころのこと、出張辞令をもらいに学部長室へいったところ、部長のいわくには「文部省としては五十歳近くになってのものに在外研修とは無駄なことのように思うがね」。なるほど、とそのとき思ったものだ。

二十六日(月)

妻のカルト・セジュールもらいにゆく。れいによって、のたり、のたりのしごと。一時にいって、四時すぎ、一日の仕事二人分だけ。京大の学部学生時代のこと、なにかの学生大会で、だれかが、戦後のフランス左翼政権をたおしたのは、フランス官僚制だったのだとぶったことがあったことを、ふとおもいだした。以来、四十数年、あのころ皆元気だった。

二十七日(火)

フランスの学校現場訪問の整理をする予定で待っていたところ、やってきたマリが、ちょっとトラブルがあって、その気になれぬ、という。とうとう泣き出す。女子学生に泣かれるのは、日仏あわせこれで二回目。奨学金五百フランが落ちたので、また働かねばならない。日本へいって指導教官と相談しなければならないが、その渡航費用もない。このことは親には言えぬ……。当方、うかつといえば、うかつ。これまでのアルバイト代として七百フランをわたす。日仏農村社会の比較研究がテーマのマリにとっては、われわれの学校訪問の知見など、直接には関係ないことだったのだ。

二十八日(木)

人口問題研究所へゆき、資料、新刊本など読む。

二十九日（金）

プレザンスの講義にでる。

三十日（土）

なんどトライしても駄目な日本人学生向けに、アリアンスが日本人教師によるフランス語学級を開くというので、のぞいてみると、なんと日本人によるフランス人の悪口学級。教師が先頭にたってやるから、たまらない。たとえば、こういった具合である。

——ある劇場でのこと。うしろでフランス人老女のおしゃべり。病気がどうの、ひまで困るだの、孫がどうしたのと、開幕しても止めないので、しーといった。するとこうおかえしがきた、というのである。「他人の国へきて、王様づらするな。とっとと、自分の国へかえれ」。後で芝居の内容について、丁寧なフランス語ではなしかけると、二人のうちひとりが、マッ青。

——日本では、あれほどフランス関係の記事がでるのに、パリの新聞ではゼロに近い。出るといえば、モンスター扱いで、相撲の記事が出るくらい。

夕食どきになり、日本へ帰るという老婦人の送別会。そこでの雑談をきいていると、日本とパリをつないで成り立っている日本の青年たちの「自立」の公然化されてない構造がみえてくる。

その第一は、日本の大学、大学院入学試験に失敗したのでパリにやってきて、フランスがえりの箔をつけ、日本でポストを得るタイプ。しかし、これは、だんだん、通用しなくなって、国際浪人とでもいうべき連中が目につくようになった。第二のタイプは、貧しい階層に生まれ、日本の学力も、学歴も、もたず、フランス語もできない青年たちが選ぶコース。カルト・セジュールなしのもぐりで、何年もパリのフランス料理店でただ働き（フランス人店主は大歓迎）、料理の技を身につけ、日本へかえると、母国の「フランス料理」店主たちは、フランスの本場がえりとして、大歓迎という仕組みである。深層に沈んで見えないこのタイプの方が、本当の「留学」というべきものではないだろうか。

ユネスコへゆき、もらったリストに出てくるデモグラフィ関係の文献を探すも、一冊もなし。オデオンで下り、バカロレアの入試問題集を買い集める。

十二月二日(日)

先週のこと、社会科学高等研究院の留学生になっている伊藤るり君にあい、アリエス宛に出す手紙のアドレスを正式にたしかめ、内容もしあげる。マリに下書きしてもらったままだったもの。

午後ルーブルへゆく。日曜のせいか、すごい人出。日本人の団体客が目立つ。

三日(月)

アンスチチュート・カソリークの入試をのぞいてみて、驚く。アラブ、南欧系の学生が殆どで超満員、学院側が、席のない者は明日また来い、というかとおもうと、学生は学生で、カルト・セジュール用の学生証がめあてだから、お互い大声で答え合わせをして提出し、さっさと帰ってしまう。残って、まじめにやっているのは、日本人の女子学生二人ばかりだけ。青年たちのこのたくましさとまじめさ、対照的。

四日(火)

人口問題研究所へゆき、デモグラフィ関係の文献をよむ。二時間ばかり。これも読みたい、あれもと、次々、必読文献がでてくる。

五日(水)

大学都市の日本館へゆく。館長に会う。仏文の石川君に案内されて、一度あった人だが、相手は、もう、すっかり忘れている様子。同行した村越のお喋りと長尻に閉口して、くたくたになって帰る。某大からきて、カルト・セジュールとくにとらないで、そのまま、この会館で自炊しているという永谷という人にあう。教育思想史をやっているが、子どもが好きになれない、という。

それにしても、この大学都市という存在に象徴される「フランス文化帝国主義」とでもいうべき存在を成り立たせている力は何処から来るのだろう。

六日(木)

高等研究院で伊藤君に会い、まだ返事のこぬアリエスの件について相談。マリをしってるなら、彼女に電話で催促してもらったら、という。パリで暮らすと、日本の女性でもたくましくなる。ラスパイユにかえってみると、返事がきていて、「喜んで」とある。そのうえ、今日木曜からどうか、とある。はなしの急展開、こんなにことが開けてくるとは……。

夕刻、プレザンスの講義にでる。

七日(金)

夕食、永谷君と、パンテオン近くの日本食堂でとる。大学都市の部屋には、湯沸かしの設備もないとのこと。気の毒になり、一度、ラスパイユで、日本料理をご馳走することになる。勿論、おてせい。

この人、もう、ローマへも、スイスへも、いってきた由。これでカルト・セジュール問題もかたづくの一石二鳥。わが身の融通のきかなさに対比して、どうして、この様な違いが生じてくるのか、不思議に思う。一一時すぎ別れる。

八日(土)

シャルトルへゆく。教会から下へおり、運河を囲む建物や石橋などスケッチする。上へのぼって教会に入る。雨がふりはじめ、この著名な教会の内外ろくに見ずに、急きょ二時の汽車で帰る。アラブ系の子ども三、四人、その母親からなる例のひったくりグループに出会う。というより、カメラをぶら下げたすきだらけの日本人二人づれを見つけて近寄り、とり囲む。にらみあいになる。関係もない近くのフランス人まで巻き込んで、異様な空気があたり一帯にはりつめる。断念したか、ベルサイユで降りる。降りがけに母親の曰く。

「アタンオン!(注意して!)」

こちらのいう事、このあと、母親はことに失敗したわが子を前にして何をどう話したか、なにもはなさなかったか。「ジプシイの教育学」への興味は、つきない。人間形成のきれいごとではない深部をさぐる入口がみえてくるからだ。

九日(日)

雨降る。終日、学校訪問調査の資料整理。夜半近くになる。

十一日(火)

人口問題研究所でケラーホールの論考よむ。まとまり過ぎていて、面白くない。

十二日(水)

二時間ほど人口問題研究所で読書。高等学校時代以来の旧友上田博信より来信。小生の学位論文『生活綴方成立史研究』の読後感。

十三日(木)

午前九時半——一一時半、社会科学高等研究院で、アリエスの「セクシャリテの歴史」の講義。エレベーターのなかでいっしょになる。挨拶する。相手も、すぐ、それときづき、「おれの手紙ついたか」、という。「きみ、日本人だったよね、だったら」、といって、大きい手に小さい手帳をとりだし、人名をさがすが、うまく見つからない。まあ、いいや、ということになる。たぶん、日本語版の訳者の杉山夫妻を探していたのだろうとひとり合点。

今日は記念すべき日となった。アリエスに直接会って話を聴くという渡欧の目的に、ついに到達したからだ。教室は院生で超満員。テープにとり、ノートもとる。子ども像の研究にはじまり、死の歴史をへて性の研究へ。アカデミズムのそとで、自己の研究史を開拓してきたこの人に、深い親近感をおぼえる。

午後アリアンス・フランセーズで、フランス語の発音の練習、ついで第五大でプレザンスの講義。

山川夫妻との校外スケッチに同行した同郷の画家（桂浜でアイスクリームの店をひらいて得た金で渡仏した由）に電話。交通事故にあって、目下まつば杖生活だという。この人、すこしかわっていて、現場でいっきょに二、三点しあげ、すっかり削り落とす。薄ぼんやりのこっている作品をもちかえって、アトリエで、夜中かかって仕上げる、という。

十四日(金)

ピカソ展へゆく。八百点ばかり。この偉容。できれば、青年期のものをもっとみたかった。どうやって、画家という人間は自分をかくもかかえてゆきうるものか。冷たい風が終日パリの街路を吹き抜けた一日だった。

十五日(土)

晴れてきたので、メトロにリヨンから乗ってフォンテンブローまでゆき、フランソワ一世の手になるというシャトーをみる。これは例の金ピカでつまらぬが、前庭のむこうに広がる森が黒々とミスティークにみえた。風寒くゆかずじまい。ナポレオン博物館に寄ってみる。もっとも印象にのこったのは、リヨン駅。かつて、地中海をぬけてマルセイユからフランスに上陸した日本からの留学生の殆どが、この駅からパリにはいったのだった。

郊外歩きもこれが最後になるか。帰りは冷たい雨になる。

十六日(日)

小雨の一日。山川夫妻の帰国中、あとに移り住んでいる公文画伯を見舞いにゆく。銀座日本橋のデパートを会場に開いた山川個展大成功で、四八点ほど出品、二十数点売れ、二千万ほどの収入になった由。現在、パリにいるプロの日本人絵かきは、約百名余。そのうち、東京で売れているのは三名ほど、という。

公文さんのはなしを聞きながら、セーヌの岸辺でみかけた若い絵描き夫妻の姿を思いうかべていた。カンバスを片手に、なにかに憑かれたように岸辺をたどる父親のあとを、子ども二人が小走りに追っていた。セーヌの流れは早い。そんな危険をあえてさせるのは、何か。

女性史関係の文献のリスト作りをすすめる。

十七日(月)

歴史人口学(デモグラフィ・イストリーク)の研究室がどうなっているかのノゾキ趣味もあって、高等研究院へ足をはこぶ。今日からここでマルサス主義についてのレクチャーがはじまるという案内状が人口問題研究所から届いたからだ。メトロ、スト中のため歩いてゆく。講師は、研究所所属のビラバン(歴史人口学者)だったが、小教室、二、三人の聴講生で、もりあがらぬこと、甚だしい。

出すものあって、郵便局へゆく。クリスマス・カードを出す人でいっぱい。電話、またも故障。

十八日(火)

サン・アンドレ・デ・ザールに日本映画をみにゆく。『ファン・ド・オータン』(一九六一年)と題されているが、制作年代から推定して、原題は「小早川家の秋」。監督は小津、主演は原節子の組み合せに引かれてでかけ、がっかりして帰る。

六〇年代初めといえば、勤務先での悪戦苦闘がはじまったころにあたる。京大の学生時代、われわれを感動させた黒沢映画『わが青春に悔いなし』を主演した原節子が出演していても、当面の問題処理にあけくれて、なんの関心ももてなかったころのことになる。それを、いまごろ、このパリでみて……。京都府教育研究所の中原克巳君に手紙かく。京都府における到達度評価推進でたよりになる逸材。

十九日(水)

人口問題研究所へ行き、続きを読む。読書室ではもう掃除が始まっていて、窓開けはなしてごしごしやるから、寒くてやりきれない。なんとか読みおえる。

アリアンスへより、それから、今日始まるコレージュ・ド・フランスの講義に出る。初講はL-R-ラデュリ(同教授)だったが、五分の遅れのためすでに満席状態、やっとひとつ見つけ、すわる。きっちり一時間、ご静聴メルシー、パチ、パチで終わりとなるから、これは一寸した講演会。こういうものの連続では、少々、むなしい。パリ大学との関係でいえば、「教会の大学」に対する「市民の大学」ということになるのだが。

二十日(木)

九時三〇分、高等研究院、五〇五号室でのアリエスの講義、廊下にすわってきく。オム・セクシャリテのオムの概念について学生が疑問を呈すると、これを、まともにひきとって、顔をふるわせて反論する八十歳ちかい老歴史家……。

午後、プレザンスの教育史の講義にでる。この講義、今日が最後だというのに、六時三〇分まで、きっちりおこなわれる。内容は、オズフの読み書き能力の歴史についての批判的な紹介。内容はともかく、このようなきっちりとした講義は日本ではみられぬところ。われわれが、学生として、教員として繰り返してきたことといえば、誉めると甘えの文化史だった。これでいつまでもつか。わが身をふりかえる。

夜九時頃になり、ここ五日間ばかり壊れていた電話、突然なおり、マリから電話はいる。明日、郷里に帰る、よいクリスマスを、オウ・ルボワール。

二十一日(金)

お茶大の院生たちが送ってくれた雑誌『思想』社会史特集号の諸論文に目を通す。夕食にきた永谷君に、手料理を振舞い、七時頃から始めて、一一時過ぎまで飲む。

家主に家賃払う。長女らしい娘がでてきて、家賃を一六三〇フランに値上げする、という。空気清浄器がこわれたままだが、なんとかしてくれといったら、ペール(父親)にいっておく、という。村越から電話あり。どうしてもかからぬので心配になり、今日くらい訪ねてみようと思っていた、という。外国都市で一人くらしをしていると、とかく最悪の事態を考えがちになるものだ。

二十二日(土)

フナックへ、リスト・アップしてあった本を買いにゆくが、全くなし。スニデール、レオン、ル＝ゴフ（社会史研究者、心性史についても提言）、等。社会史の流行にのって出てきた三流本ばかりが目につく。本のスーパーではなく、専門店にゆかなくては。まえにも述べたと思うが、この区別は、パリでははっきりしている。

クリスマスの買いもので、イノ超満員。

二十四日(月)

朝から深い霧。午後もはれず。ダンフェール・ロシュローからアレジアにすこし寄ったところに見つけておいたスーパーに買いものにゆく。この地域のカラーをうつしだして、イノよりさらに庶民的。活気にあふれ、見ていて楽しい。かき、ケーキなど、買ってかえる。

早めに食事して、ノートル・ダムへいく。ミサを待つ人々の行列、その行列めざして物乞いたちが集まる。セーヌの夜景、このあたりが最高。サン・ミッシェルの辺りにくると、辻々に、ジャンパーに手をつっこんで、何かを狙うように立つアラブ系の流民がめだつ。ババン駅近くの教会にも寄ってみたが、なんということもなし。カトリックの国の、静かなクリスマス・イブであった。

二十五日(火)

クリスマス当日。歩いているのは、アラブ、ベトナム系の流民たちばかり。かつての植民帝国が半端なかたちで背負い込んでいる遺産。悪くいけば、わが日本の人民もそのなかのひとりになりかねなかったのだ。

テレビは珍しく朝から放映。ただし、お子様番組ばかり。シネマ、レストランもひらいているが、ガランとしている。みな、どこで、なにをしているのだろう、と妙な好奇心がわいてくる。

二十八日(金)

モンパルナスのシネマで、アメリカの反戦映画『啓示』を見る。秀作。ジラルドから借りた人口論読みはじめる。意外に平凡。ベトナムの風俗を、過剰にエキゾチックにえがくのは、旧植民国の側から出てくる偏見のようにみえるのだが。

二十九日(土)

午前中、ジラルドの論文を読む。

午後、パレ・ド・コングレ・ド・パリへ、「ダントンとロベスピエール」を観にゆく。ロベスピエール九〇日の恐怖政治を三時間劇にまとめたもの。観客席も舞台の一部にくみこみ、臨場感を盛り上げている。本物。これが本物と、十八世紀啓蒙思想とフランス革命史についての基礎知識なしにわかれというのは、無理な注文かもしれない。批評と基礎教養の問題である。基礎教育は、ここをしっかりとみつめて行われなければならない。

三十一日(月)

ババンとモンパルナス・ビアンブニュの間にある本屋で、少し古びたブローデルの『近代文明とキャピタリズム』第一巻を見つけだし、買う。割引きになっているが、それでも八七フラン。ル＝ゴフの『歴史の創造(フェール・ド・リストワール)』はあるかと尋ねると、二重になっている本棚を動かして、奥から取りだして来る。三冊一六五フラン。これも買う。大晦日に、かくも固く高価な本が多数一度に売れたことに気をよくしたのか、主人、ドアを自らの手であけて、送り出してくれる。

リュクサンブール公園のなか、建物の横一寸した日だまりに、行き場のない貧しい老人男女があつまっている。女は膝寄せあってお喋り、男は所在なげに、ひとりぽつんと座っていたり、ダンボールを拾ってきて大衆遊具のトランプでときを過ごす。大晦日の寒天のもと、パリにはこういう老人がいっぱいいる。その動態解明は、デモグラフィ研究の火急のテーマだと思う。夜、ロシュロー、モンパルナス、双方を一寸歩いてみる。前者はまっくら、後者は、ツーリスト相手のカフェだけあいている。

一九八〇年元旦(火)

昨夜一二時過ぎるとともに、ラスパイユ通りを、普段は一声もださない警笛を、ぱー、ぱー、ぱーとならして、車、朝までつづけざまに通る。鳴らせないので溜まっている欲求不満を、この一夜ではらせというのか。

夕刻より永谷君きたり、のむ。教育学のこと、経済学のこと、その二つのことだけ話あう。元旦早々、変に思う人もいるだろう。しかし、これが、俺たちの誇りなのだ。

一月二日(水)

朝、モンパルナス墓地の横道、しっとりと奥深く、静かな道歩く。建設中のビルでは、もう労働者が働いている。商店も殆ど店を開く。

石井夫人より電話あり。パリの正月は今日の午前中で終わり。大晦日の夜は、方々、ところによっては、区役所でパーティが開かれる、誰に抱きついてもよい、誰にキスしてもよしということになっている、由。昨夜、拙を悩ませた車のパー、パー、も一連のもの。日常から非日常へのつかのまの移行のもつ意味。こういう欲求不満対策のしかけが、パリにはあちこちほどこされている。まさに「都市」である。

三日(木)

アリエスの講義。学生三、四人あつまったが、アリエス現れず。初日、ききもらしたのかもしれない。プレザンスの講義あり。すべりこむ。

換気孔の故障、コンシェルジュ、家主まじえて、ゴタ、ゴタ。なおらず。村越より電話。マンションの家主との年末からのごたごたで、女房殿ノイローゼ気味というが、それでも三千フラン余つかって、ニースまで保養にゆく、というのが、村越君の得な性分。

到達度評価研究会の京都グループ、鰺坂会長、稲葉委員長で出発の旨、日本より連絡あり。藤岡貞彦君より提案のあったベルンでの国際環境教育会議出席の件、お茶大庶務課より、別名目で出席をみとめる旨の連絡あり。願書の工夫に苦労する。

四日(金)

人口問題研究所でケラーホールよみ、ノートとる。留守中に電気屋がきたが、結局、なおせないで、そのまま帰った、という。とにかく、フランスの技術屋なるもののレベルの低さにはあきれはてる。逆にいえば、日本の高さである。卒論(「技術と人格形成」一九五四年)の主張をあらためて確認する。さんざん悪評だったあの卒論。今でも大事にとってある。

五日(土)

村越一家きたり、楽天主義で、しゃべり、飲み、食い、外へ出て、またまた。当方つきあわされて、夜中に、胃痛でくるしむ。

六日(日)

デュパキエ(社会科学高等研究院教授、歴史人口学)、よむ。昨日のことでつかれ気味。

七日(月)

人口問題研究所で読む。念のためもう一度書いておくが、この研究所名の原語は「レチュード・デ、モ、グ、ラ、フィ」である。これを「人口問題研究」、「人口研究」と訳するとなにか大事なものがおちる気がする。しかし、すでに動かしがたく定着。

八日(火)

研究所で読む。日本にいた頃、邦訳『悲しき南回帰線』がでて、その名一世を風靡したレヴィ

＝ストロースの講義を聴くべく、コレージュ・ド・フランスにゆくが、休講の張り紙あり。前回、長身をやっと支えて講ずる彼と少数の聴講生のなかにまじって、なぜかもの悲しくなったものだった。

九日(水)

コレージュ・ド・フランス、一〇時から、ミッシェル・フーコーの講義はじまる。このひと、アリエスがその著を書店に売り込み、世にでた人物ときく。二〇分ほど前にでかけたが、講壇にまで取り巻くように聴講生が上がり込み、りっすいの余地もない。何だろう、この熱気。床にすわる。竹永、永谷両君にあう。

午後、ラデュリの講義。テープにとってみる。社会史の古典的な文献何冊かかってかえる。人脈地図、すこしずつわかってくる。

十日(木)

午前中、アリエスの講義。一時間四〇分、愛のサンチマン（感情）について、はなしつづける。その執念の如きもの、どこから沸いてくるのか。デモグラフィは、政治・経済構造以上に「心性をあばきたてる」と、かつてアリエスは論じた（「心性史とは何か」一九七八年）。こうのべて、アリエスは、デモスのグラフを「心性」（マンタリテ）の次元で明らかにしようとした。かれの社会史開拓者としての功績はこの点にある。

午後、プレザンスの講義にでる。二十世紀デモグラフィ史の説明だったが、よくわからず、かず少ない学生で意気上がらないこと、甚だしい。

十一日(金)

午前中から一時過ぎまで、人口問題研究所で読む。午後、サンジェルマン・デ・プレのドラクロア旧アトリエにつくられているミュゼとクリュニュー博物館へゆく。ローマ期の城塞を利用して造られた後者は迫力あり。実物を前に古代史の授業を教師からうけている子どもたち。日本では、これが、一日、二日だけの奈良への修学旅行（じつは観光）になってしまうのだ。

十二日(土)

昼食すませて、一度いってみたいと思っていたトロカデロのシネマティークへゆく。早すぎたので、同じシャイヨー宮にあるモニュマン・フランセーズのミュゼなるものに入ってみる。全国全時代のそれこそモニュマン（記念碑）の陳列で、往生する。四時ころになってシネマティークへいってみると、『ハー・マン（Her Man）』と題する一九三〇年のアメリカ映画。これは、みごたえあり。

十三日(日)

デュパキエ、はかどらず。朝の気温マイナス五度。寒い。

十四日(月)

人口問題研究所で読んでいたケラーホールの本、誰かが借りだし、おてあげ。午後国立教育研究所で、村越とあい、今週、訪問予定の幼稚園での質問項目を検討。

研究所でジラルド教授にあう。コマン・タレ・ブ。労働者の手を思わせるような、がっしりした手。

十五日(火)

朝九時、七区にある幼稚園を村越夫妻と訪ねる。六、七歳クラス。五歳児から算数(集合)、ことばの教育。「理性の教育」への揺るぎない信頼。日本の保育型と対照的。「デモス」観の違い。帰り、セーヌにそって歩き、アンバリッド廃兵院で、軍事博物館をみる。烈しい吹雪のなかを帰る。

夜、オペラ座にゆく。小学生の集団見学にぶつかり、ひどい目にあう。教師たちは、子どもが騒ごうが、ガムを投げあおうが、いっさい関わりなしで、おしゃべりに専念、こんなことははじめてと劇場側はいうが、こちらは一回でこりごり。だしものは、なんとかの無言劇。詳細おもいおこすのも不愉快。

十六日(水)

コレージュ・ド・フランスでフーコーの講義。史実の数々をあげて論じるのだが、その史実に通じてないから駄目。午後、ラデュリの講義。前者は若者、後者は老人層中年。こちらは、一五分前にいって、いい席とれる。考えてしまう、学問とはなんだろう。

十七日(木)

社会科学高等研究院で、アリエスの講義。開講まえの小会話。

かれ―なにやってるんだったっけ。

小生―教育史です。

かれ―ああ、そうでしたね、で、どの時代。

小生―十八世紀です。

かれ―それは面白い。きみ、日本人だったよね。

小生―そうです。

かれ―日本人の研究者だったらひとり知っているのだが、えーと。

また、例の小さい手帳をめくる。また、みつからない……。

夕刻は、パリ第五大学でプレザンスの講義。今回もデモグラフィを論題にする。ところが、前回とちがい、学生が、ああでも、こうでもと、質問しはじめ、議論、もりあがる。この概念がアカデミーの教育史の分野でも火中の栗であることが浮きぼりになる。その底に何があるのだろう。そこが知りたい。アリエスの六〇年本は、この栗をまともに拾いあげたのだ。

充実した一日、夕食後、つかれてすぐ寝てしまう。

十八日(金)

カシャン市の幼稚園の授業をみる。これは前回とまったく別系。知育以前の幼児教育の独自性の主張。二―六歳用の教材をみせてもらう。

パリ郊外は社共系自治体の多いところ。途中、ラングラン（教育思想家）の名前をとった生涯教育研究院（ランスチチュート・パルマナン）をみかける。パリ市内にあったものと同じで、労働者の職業技能訓練所。日本で知られていたドイツ系生涯学習論と少々異る。

二十一日(月)

高等研究院で、ここの講座に本部か支部かがおかれている歴史人口学会（ソシエテ・ド・デモグラフィ・イストリーク）が主催する国際歴史人口学会の世界学会むけの準備レクチャーがあり、一寸のぞいてみる。ブリランといういささかさえない人口問題研究所の所員が、マルサス主義の歴史の初歩をやっていた。この学会、高等研究院のデュパキエが会長で、ブリランが副というところらしい。聴く者、学生がたったの四人。ブリラン氏、すっかりくさっていて、テープをとっていいかときくと、系統的なものじゃないぜと、なげやり。少したって、ビュロー側が加わって、やっと、七、八名になる。

終わってから、面白いことがあった。小生もちこみの小型テープをみて、まず黒人の学生が、それをみせてくれんかという。フランス人のほう、面子があるのか、無関心のふりをしていたが、とうとう我慢できなくなって、人のよさそうな老研究員がちかづいてきていった。

かれ—おまえ、デュパキエの講義にでているか。

小生—でてないが。

これは、きっかけを摑むためのまえ口上。突然はなしを転じて、かれはいう、「ところで、そのテープレコーダー、一寸みせてくれないか」。また、いう。「ふーん、これ、いくらだい」。わたしは、ありのままを答えた。「——忘れたよ、日本から持ってきたものだから」。そういいながら、これベトナムでのはなしかと錯覚した。そして、楠原君が、大型のテープレコーダーでケニアの村の人気者になって困ったという、むかしきいたはなしを思いだした。

ああ、技術大国日本、そして文化的後進国日本。

二十二日(火)

コレージュ・ド・フランスで、ジャック・リュフィエ(同教授、遺伝学・人類学)の講義を聴く。これまた徹底していて、テーブルのうえに自分用の小テーブルを置き、そのうえにノートを開き、両肘ついてはなしはじめる、といった具合。「環境と主体の適応」の問題を論じていたが、アンソロポロジー・フィジーク(形質人類学)の耳慣れない用語がつぎつぎにでてきて、よく解らぬままおわる。

村越と近くのビュフェで昼食をとりながら、国立教育研究所にもう一度見学先の紹介をしてもらう相談をする。フランスでは、同じサラリーマンでも、トップと最低とでは、給料の差が二〇倍、それが全部資格に結びついている。そのため、労働者のあいだでは、資格を伴う教育への要求が極めて強い。カシャン市でその実例をみたように、フランスで「生涯教育」といったときに指しているのは、この職業技術の訓練である。その広がりとふかさを、よく確かめたい、ということになる。

午後、レヴィ＝ストロースの講義をもう一度とおもってでかける。老化とは、恐ろしいもの。声に張りなく、足よろける。

高等研究院でマリと会い、歴史人口学会年報のバック・ナンバーを探して、売ってもらうこと、研究院の図書館の閲覧券をだしてもらうこと、のふたつを交渉する。研究者だというので、外国人である小生のほうは可、マリは学生というので、駄目。フランスで大事なのは、こういうことでも、資格であって、国籍ではないのである。

マリ、プチ・カドー（おみやげ）だといって、郷里でもとめた小さな壺をさしだす。あかぬけのした、それでハデでない……。このくにの文化の底力をみたおもいする。

二十三日（水）

コレージュ・ド・フランスで、フーコー、ラデュリの講義あり。少々つかれぎみ。

二十四日（木）

アリエスのゼミ、ゲストが出席して、たいへん賑やか。夕刻、プレザンスの講義。娘たちの教育、一度パリによぶことにする。

二十五日(金)

先日カシャン市でみかけた生涯教育の学院へゆき、授業みせてもらう。速記の練習中、予想していたとおり、職業紹介をかねた技能訓練の場というところ。ラングランの名がついているが、共産党市政下で別ものになった、とわかる。村越押しの一手の話術で、所長の私宅での夕食に招かれることになる。

二十六日(土)

楠原君、突然、現れる。ケニアをひきあげ、ロンドンへ移ることになった、という。バンセーヌにあるアフリカ・オセアニア博物館をみる。宗主国フランスへの思い複雑。

二十八日(月)

国立教育研究所の顧問らしい男とへんな行きがかりで会い、「スチアン」についての管理者の立場からの意見をきくことになる。また、所側に、教育史のM‐M・コンペール(同所員、教育史担当)と会う約束をしてもらうよう頼む。

三十日(水)
フーコーの講義に楠原君を案内する。体調ここ数日すぐれず。ル＝ゴフ編の『新しい歴史学(ル・ヌーベル・イストワール)』(アリエスの心性史論あり)つづけて読む。

三十一日(木)
アリエスの講義、家族史専門のフランドラン現れ、家族をめぐる二人の討論をきくことになる。午後、プレザンスの講義、内容なく、だらだらものだったので、悪いが、途中退席する。国立教育研究所より速達。たのんであったコンペールの件。マリと連絡とれず、こまる。

二月一日(金)
ジュネーブへの出張願いを、学長あて出す。

二日(土)
あい変わらず、足腰痛む。だるい。楠原君来たる。モンパルナス墓地よこのレストランで夕食。ババン角の日本人絵描きのよくあつまるカフェ「ドーム」にじんどり、一一時ごろまで話す。さまざまの事を語る。楠原、日本人相手には、もう書かないという。むきになるなとなぐさみをいう。あす早く、ロンドンにたつ、という。

三日(日)

終日、雨ふる。第六大学の横でやっていた、黒沢の『生きる』を観る。雨のなか、傘さして、シネマの前に列をつくるフランス人たち。

四日(月)

昨夜からの腹痛、終日つづく。ただ床をとるのみ。学校不適応児のせわをする、というちらしが、レター・ボックスに投げこまれているのをみる。アリエス・ショックで語られた子どもの「誕生」のはてに、こんどはこういうことが問題になりはじめたのだ。皮肉。これが「誕生」の深層ということか。

五日(火)

国立教育研究所へゆき、スチアン問題の専門家だというマドモアゼル・レベンコにあい、いろいろ尋ねるが、知らない、解らないで、成果あがらず。そんなことで、部屋のなか、あち、こち見ているうちに、ここを訪ねてくる外国人一らんが目にはいる。

合計一位は日本人で、三〇五人、二位デンマークの二四〇人、ところが、個人かグループかでみると、個人ビジターの一位はアメリカの三六人、二位イギリスの二五人、日本は一〇位で九人、とある。グループ訪問の一位は日本で、一四グループ二九六人、デンマーク一三グループで、二四人。日本人は、個人も団体も一回だけで、フランス語は話さず、ただニコ、ニコしてかえるだけ、という。

日教組対策として、文部省すじの考えたものと、どこかできいたように記憶にある。子ども扱いのばかにしたはなしである。

七日(木)

アリエスの講義。コレージュからゲストをよんで、古代ローマのセクシャリテをめぐる問題。十八世紀日本のはなしが出てくる。

夕刻、国立教育研究所にゆき、M - M・コンペールに「デモグラフィの観点からみた教育史研究の方法」についてあれこれたずねるが、議論にならぬ。これで、歴史人口学(デモグラフィ・イストリーク)の方法による読み書き能力の研究でしられたことになっているのだからわからない。

プレザンスの講義休む。コンペールとかさなったため。

九日(土)

カシャン市の生涯教育研究院に、夕食に招待されて、村越夫人と三人でゆく。八時半ころから始め、終ったのは、なんと午前一時、御馳走はなかったが、議論につぐ、議論で腹いっぱい。村越夫人、「あなたにとって、幸福とはなにか」などと、院長あいてに、書生っぽい議論をふきかけるものだから、夜半過ぎ、一段落つくと、攻守逆転して、女主人（アンリエット・イディロショウとかいった）まず、ムッシュー・ナカウチからとくる。こちらも負けず書生にもどって、「サボワール・ラ・ベリテ（真実の探究）」とこたえる。この同じ研究院の教員だというアミ（女性）がよばれて、このひととの議論も面白かった。コミュニストは保守主義者だという。結局、終電もなくなり、このアミのアミだという若い男に車で送ってもらうことになる。

ババンの辺りは、まだ、真昼のように明るかった。私たちとアミにならないか、というので、アミてなんだときくと、きがねなく、なんでも話しあえるあいだがらのことだ、という。フランスで「個人」とか「孤独」とかよばれているものの形についてあらためて考える。

十二日(火)

サン・ミッシェルの古い通りを歩く。ギリシャ正教の古い教会サン・ジュリアン・ル・ポウブルのまえで、しばらく佇む。パリ大学の旧教会の前にでて、なかへ入る。ダンテがむこうからぬっと現れてきそうな存在感。曰く、汝の道を歩め……。
アラブの菓子なるものを、はじめて口にする。ふつうなら、たべずにおわったような代物。フランス菓子についても同じだから、これは、日本人の舌のもんだい。

十三日(水)
メトロ・Aラインの終点サン・ジェルマン・アン・レイまでいってみる。シャトーのミュゼも平凡。しかし、セーヌ河のひなびた姿に、つかれた心慰められる。

十五日(金)
ジェ・ボワの論文、読んでみる。相変わらずのポリティカルな教条主義。

十六日(土)
娘あて、なにしろはじめての、しかも、途中のりかえの外国旅行なるゆえ、長文の手紙書く。わるくいったら、世界の迷い子の不安よぎる。

十七日(日)

散歩に出る。リュクサンブール公園、ババンのあたり、いっぱいの人出。とくに公園は、子どもをつれた若い親たちでいっぱい。フランスの若い親たちは、子どもを家に閉じ込めておいて遊びに惚け、更には、結婚しても子どもをもとうとしない、ために、人口が減りつづけている、というのは、まったくの俗説。子どもたちへの熱い眼差しは、社会史の言う通り。問われなければならないのは、そのまなざしの、歴史、社会構造なのだ。「人生の諸年齢期」(レ・ザージュ・ド・ラ・ヴィ)図には右よりの曲線となって現われる。増え続ける高年齢者層と対応。

十八日(月)

ビラバンの講義にでてみる。今回がはじめての女子学生と二人だけ。まったくの不人気。それはそうだ。王政の暴虐も民衆の闘争も語らず、出産率と死亡率がどうの、避妊はいつからはじまったか、といったことを漫然とならべるだけでは。これは、デモグラフィではなく、未熟な人口統計学である。

十九日(火)

コレージュ・ド・フランスのレヴィ＝ストロースの講義、すっぽかされる。それとも、こちらが、ききもらしたのか。夕刻、ノートル・ド・シャンピであった湯浅年子博士の告別式にでる。お茶大では神様あつかいされていたが、はるばる渡仏し、この地に没したパリでの影はまことに薄く、百名をわる集まりになる。

二十日(水)

国立教育研究所で、ムサン・コリディアンとはなしあう。これはほんもの。学校政策診断学だが、日本の、たとえば教育経営学といったものとは、質がちがう。スチアンも話題になる。

夜、一足先に帰国する村越夫人の送別会を、ここラスパイユの部屋でひらく。

二十一日(木)

昨日の疲れで寝過ぎ、アリエスのゼミも休んでしまう。くだらぬことで、貴重なものをうしなった気持ちになる。

午後、人口問題研究所へゆき、調査書三百フランほど買う。プレザンスの講義、学生の報告で、つまらぬ。それに、よく解らぬ。学生は学生である。

夜、マダム・石井をよび、会食。石井君、「〜さんの武勇伝は有名でしたからねえ」と、なにやらありげに話しはじめる。この種の話にはのらないことにしているので話ははずまず。

暖房の故障、製造元のフィリップの「技術者」がやってきて、あれこれいじるのだが、直らない、そのまま帰ってしまって、大家に八〇フラン要求してきたとのコンシェルジュの経過説明。いやはや、あきれたもの。

東大で非常勤の講義をしていたころの初期の学生碓井岑夫君より手紙。勤務先の鹿児島大では、在外研究、二年に一名なるよし。このようなかたちでも、新旧の格差があるということである。

二十二日(金)

午後、モンジュにある小学校を訪ね、校長(めずらしく男性)の話をきく。いままできけなかった太い筋のある話。移民のための特別学級、不適応児のための特別学級、それから普通学級と、ひとつひとつみせてもらう。不適応児学級にはサイコペダゴギスト以下三種類の学校心理学者が関与している。フランスの学校における心理学者の入りこみ方、その比重の大きさに驚く。それだけこの不適応問題が大きいということか。

対照的なのがからだのこと。運動場といえば、ネコの額のような空間しかないので、近くの植物園を借りてやるのが普通。日本の養護教諭にあたるものはおかず、ことあれば、すぐポリス。素人では、リアクションがきたときの責任問題が生じるからだ、ポリスがくるまでの「応急」は、おれがやる、とこの校長。なにもかもが、日本とは、根底からちがう。

父母との関係しかり。両者の間には、対話は成り立たない。父母は、校内に立ち入ることは出来ない。子どもを迎えるには、校門外でまたねばならない。逆にいえば、教師は家庭を訪問してはならない、という論法。そういえば、ひるちかくになると、親たちの群が道路側のあちこちにできあがるのを、見たことがある。

校長の話はつづく。パリ市民は黒人、アラブ、アジア系のフランス国民を対等の相手とみていない。恐れているのは、ユダヤ系国民。政、財、学界の上層のかなりの部分を彼らはにぎっている。彼らは確かに「優秀」であり、そのうえ「団結」力がすごい、その力は、じりじりと広がりつつある、と考えられている。

夜、腹痛。かゆたべる。

二十三日(土)

パリは造られた都市。「村」が自然に「市」になったのではない。逆説的だが、店のびっしり並ぶ通りから一寸うらへまわると、そこはもう田園風景。パリ市民の本質は農民なのだ。周郷さんと話したことがあるが、ボビノやテアトル、モンパルナスの通りをあるいていて、またそうおもった。

二十四日(日)

左目のチックもとれ、神経も少し落ち着く。日曜なので郊外へいく予定だったが、あいにく雨。ルーブルへゆき、念願の「シルベ・エ・デュ」(書記と神王)のミニチュアを買う。歴史家たるもの、いかにあるべきか。オデオンで、永谷君とばったり会い、三人で、ルソー出入りの店とかれのいう小さなレストランで夕食。

森田伸子君より手紙。アリエスの翻訳の件、平凡社が、専門にすぎると、断ってきた、という。そこへ、みすずが全訳をだすという情報が入ってきたのでがっくり、という話。翻訳国ニッポンでの話。

二十七日(水)

コレージュで、フーコーの講義あり。途中休んでいたこともあって、まったく、わからない。竹永、永谷の常連に会う。

午後、村越のところで、ミラノからやってきた佐藤一子君に会う。コミュニズムとカトリシズムが二重になってできあがっているイタリアの都市コミューンとでもいうべきものの話をきく。もっぱら調査に終始したよし。これからユネスコへという佐藤君といったん別れ、夜、ラスパイユへ招く。年間三千件というイタリア―テロ社会のはなしを聴く。

二十八日(木)

アリエスのゼミ、ゲストを招き、衣装論。プレザンスの授業、年度末の試験。普段の三倍ほどの学生。日本の場合とくらべて、この意味深長。

二十九日(金)

子どもたち迎えのさいうろうろしないように念のためと思って、ド・ゴール空港まで調べにゆく。人間の記憶なんていいかげんなもの。何ヵ所か間違えて教えた点がでてきて、訂正の手紙だす。

三月二日(日)

すすめる人の多いイル・ド・フランスのソー公園へゆく。ソー城そのものがミュゼになっていて、こちらは面白かったが、公園は平凡でつまらない。

夜、相変わらず眠れず。グーベール（社会史の先駆者）を読む。

三日(月)

朝から人口問題研究所へゆき、グーベールよむ。デモグラフィ・イストリーク。依然、この概念が、しっかりとわからない。子どもをめぐる心性のあり方を知る方法として、なにゆえに人口変動現象を問題にしなければならなかったのか。グーベールによれば、一九四〇年代後半以後のことだという。とすれば、ルヴァスールなど、それ以前の人口研究者で子どもの教育問題に言及した研究者は、何者だったのか。三、四枚コピーすると、また、また機器の故障。

午後、高等研究院のビラバンの講義、とうとう、小生一人になる。

四日(火)

アリアンスへゆき、なにかキップはないかとさがしてみる。劇場ものばかりで、娘たちには、むかぬ。

国立教育研究所へいって、アリエスの『歴史の時間(ル・タン・ド・イストワール)』をかりだし、読みはじめる。これは、拾い物。アリエス研究には、便利。すぐ手元にあるのを、どうして見落としていたのか。

夜、山川陽子、公文氏、それに、もう一人女子画学生くわわって、個展あり。つまらぬのに驚く。

五日(水)

フーコーの講義に一五分前にゆくが、もうだめ。

午後、久しぶりの、パリの「青い空《ボーム・ソレイユ》」なので、前回の不愉快な思いのままになっているテルトル広場へいってみようと下へ降りたところで、郵便受けから、悲しい手紙をうけとった。成蹊の稲垣友美さん、上野君からのもので、先月二十八日、周郷博先生が亡くなったという知らせである。本当の地下工作とはこういうものだといいながら、自作のキャベツ畑に、上手に鍬をいれていた先生の姿を、なぜか一番に思いうかべる。すぐきれてしまうひとが多いが、この方は、どうしてか、どこかで、何時までもつながり、勇気を与えられてきた。着いて一週間もたたないうちに、パリにやってきて、「元気かね」と励ましてくれた先生。児童学科の卒業生が数人いっしょだった。「教育」ということばを必死に避けようと苦しまれた先生。わかる——だが。

今朝がた、マドモワゼル湯浅のノートル・シャレ教会であった告別式のネガを一枚やき、先生宛送ろうとおもっていた矢先のこと。自分は、よくよく、大事なひとの死に目にあえない人間だとおもう。数えあげはじめると、きりなく、世代交代にあたってのたぶんにポリティカルな作為すらみえてくる。

六日(木)

アリエス、休講。プレザンスの講義。旧ベルギー領コンゴからの黒人学生、それに、もうひとりの黒人学生が、「母国語と外国語教育」「土着宗教とキリスト教教育」といったことについて質問したところ、俄然議論ふっとう。

七日(金)

人口問題研究所へゆく。グーベール論文の最後の部分コピーする。少しわかってくる。デュパキエールとすこし違った史的人口動態論（デモグラフィ・イストリーク）。

午後、通称ミミなる女性現れ、あずけてあったという彫刻をもってゆく。家主のことをいろいろはなしてゆく。いったい、この部屋の前住者の女性関係はどうなっていたのか。そんなことに関心をもたぬのが、パリジャンというもの。

八日(土)

村越、夕食にくる。昨夜はある日本人教授に招かれて、などと話す。どうやら、こうやって、あちこち、まわっている様子。妻子が先に帰国して以来、生活、激変、今までやってきた調査のこと、トラン・トン（教育心理学者）やルニのゼミのことなど話してみても、まったくはなしにのってこない。

どうしようもないので、近くにある小劇場ボビノへゆく。妻に逃げられた男の話を、おもしろおかしく、とゆうことらしいが、聴衆は、われわれ三人をあわせても、一〇人たらず。時間つぶしにもならない。パリにも寂しい人間がいるものだ。一二時近くかえる。

九日(日)

まえから予定していたポンピドー・センターのシネマティークへゆく。ロッセリーニのレジスタンス映画をやっており、ひろいもの。

十日(月)

人口問題研究所でルヴァスールの一八八九年本を読みはじめる。エシュト教授が借りだしていたものを、もどしてくれたもの。ありがたい。この対等あつかい。

十一日(火)

人口問題研究所、つづき。

モンパルナス通りの本屋へゆき、R・マンドルー(民衆史・社会史研究者)の序文のはいった『近代フランスの歴史(イストワール・ド・フランス・モデルヌ)』を取り寄せてくれるように頼む。七四年版なのに、もう返品してみあたらぬというのは、日本と通底ということか。

『ル・モンド』が、コレージュに「日本文明論」の講座がひらかれると、なりもの入りで報じている。

十二日(水)

ルヴァスール、読む。ポピュラシオンの統計学(スタチスチーク)としてのデモグラフィ、その一分野としてのデモグラフィの教授(アンストゥルクシオン)という構図。これでは、教育統計学をでない。だれが、これを、つくりかえたのか。マンタリテ(心性)の視角と民衆史(たとえば、R・マンドルー)の視角がここで重要になる。

村越より電話。ようやく同居者がみつかったよし。明るい声。

十三日(木)

ルヴァスール、読み終える。

夕刻、プレザンスの講義。前回の年度末試験の講評。一枚、一枚、赤字で評が書かれている。えらい違い。これは「教育評価」とよばれてきたペダゴジーの分野の軽重、有無の問題だと思う。日本の大学でかわりに通用しているのは一方通行の「判定」なのだ。

十四日(金)

人口問題研究所へゆき、ルヴァスールの労働者史たのむも、ジラルドが借りだし中。困っていると、ジラルドがやってきて、貸してくれる。ありがたい。研究所の食堂で、竹永君とはじめて昼食。

「二二六　Bd.ラスパイユ、日本大使館殿」なる郵便物、迷い込む。とどけにゆく。その足で、アエロフロートにまわったところ、ガラス戸めちゃ、めちゃにやられ、人影なし。

十五日(土)

子どもたちのパリでのすごさせかた、あれこれ相談。小平へ電話。火曜の便になった、よし。村越より電話。今夜からシャモニーへゆくという。やれやれ、である。

十六日(日)

公文氏とクリニャンクールのノミの市へゆく。市場化されていて、つまらぬ。市の外側で、箱の上に、どこかで盗ってきた新品を、一点だけ置いて立っている（つまり、逃げ出す準備完了というところ）泥棒市の方がパリらしくておもしろい。

途上、公文氏からパリ日本人画家の間の、どろどろした人間関係をかぎとり、不愉快。

十七日(月)

昨夜ねつきが悪く、ねぼうしてしまう。ひさしぶりのアリエスの講義、断念。午後三時、ビラバンのゼミ。『歴史人口学年報（アナール・ド・デモグラフィ・イストリーク）』の一九七六年号を買う。金が足りぬとわかると、名前をひかえるだけで、本はもってかえれ、という。

夜、一九一八年と二八年のソビエト映画をみるために、ポンピドーまで、ひとりで、でかける。一八年ものには、驚く。この社会主義革命のさなかに、サーカスにいた女がクズの男を捨てて金持ちの男のもとに走り云々というもので、芸術の教条主義的な、いわゆる「ポリシェビーキ化」がでてくる必然がよくわかる。

十八日(火)

子どもたち二人、無事着く。夜、八時過ぎ。四人で、ラスパイユまで、荷物（ふとん）しょってくる。

十九日(水)

珍しく快晴。近くにたった水曜市へゆく。

午後、ノートルダム、最高裁内部にあるサン・シャペル。マリー・アントワネット、ダントン、ロベスピエールら、フランス革命の立て役者たちの独房をみてあるく。これには説明役がついていて、ことを、生々しく語る。入場料大人七フラン、子ども一フラン。教育の国フランスの面目かくのごとし。案内人がくるまでの間、母親か、家庭教師とおぼしきものが、ちいさな男の子に、このミュゼの由来について、詳しく説明している。そのわきで、わが娘が、日本の大学入試の問題集を解いている。止めろともいえず、この対照性や悲し。

二十日(木)

当人のミサ参加のため、アリエス、高等研究院のゼミ長期休講。これが、アリエスを形成するひとつの、重要な、著書だけからは見えぬ側面。

午後、プレザンスの講義始まるまでの時間をつかって、トロカデロの人類博物館へ子どもたちをつれてゆく。大き過ぎて飽きる。パリのミュゼには、ときに、このてのものあり。粉雪舞う。

二十一日(金)

息子のセキひどいので、娘だけつれて、ルーブルへゆく。いままで一度もであえなかった彫刻部門に、なかば迷い込み、ひろいものする。

二十二日(土)

薬がきいてきたようなので、四人でシャンティにゆく。夜、マリくる。

二十四日(月)

今日も「観光案内」人の一日。オペラ座、バンドーム広場にはじまり、エトワールの凱旋門に登る。無名戦士の墓に捧げる永遠の灯火。門の上から周りをみると、それぞれ、まったく違ったパリがみえる。文字どおりの「住み分け」。

二十五日(火)

昨日とうって変わって悪天候。二人をつれて、サン・ジェルマン、サン・ミッシェルあたりで、みやげもの買う。ノートルダム横のみやげもの店の売り子たちが、上手に日本人を識別し、日本語でよびかける。どこでものこと。

高等研究院へゆき、借りていた百フラン返す。午後、ラスパイユ通りを、C・G・T（セ・ジェ・テ）のデモ隊通る。

二十六日(水)

二人には、シテ・ユニベルシテ（国際大学都市）をみせただけにおわる。

京大時代の指導教官だった渡辺洋二先生よりお手紙あり。昨年すでに還暦をむかえた、とあり。人口問題研究所はご存じで、知友もあった由。なつかしさで、いっぱいになる。子弟ともども学問上の野心にあふれていたあの頃。

二十七日(木)

二人をつれて、パリでは最古の部類に入るというゆるい石畳の道ムフタール、植物園、回教寺院をまわる。プレザンスの講義あり。史料論。オフィシャルな史料ばかり。当然といえば、当然だが、しかし少しばかりがっかり。

二十八日(金)

バスティーユ広場、ボージュ広場、ポンピドー・センターと、史跡をまわる。娘、いちど、音楽会にいきたいと、珍しく、自分から要求をだしてきたので、カナダからきた男のピアノをききにゆく。狭い部屋で、一三名相手に演奏のよし。

二十九日(土)

部屋でごろ、ごろ。娘だけ、妻と買い物。オデオン座で夕食。頼んだ肉、半焼きで固く、食べられない。大体、パリの肉は日本人にあわない。隣の席にいたフランス人の男女二人、女の方がきをきかせて、英語で話しかけてくる。本焼きにしてもらい、やっと、すませる。

三十日(日)

天気、良さそうなので、郊外のベルサイユへゆく。「村落」女王の館。一方は金ビカ、一方は農家づくりの館とは、フランス王侯たちの精神構造も単純ならず。しかし、この二重構造が本当のところだろう。

四月一日(火)

二人をつれて、サクレクールへゆく。スリ、追剥に注意するよう、自分たちの経験を話す。幸にも、前回のようなことはなく、テルトル広場から葡萄園まで歩く。

午後、山川さん、ゴッホ最後の地へ車で案内してくれる。麦畑のうえを、烏の群れがすれ、すれに飛んでいる鬼気迫る絵の現場、二本道の教会の現場、など。そして、息をひきとった屋根裏部屋のある粗末な木造家、など。セザンヌの「ラ・メゾン」のモデルになった館も。

二一三日(水一木)

村越もくわわってのはじめての家族旅行。

朝、モンパルナス駅発、レンヌ下車、バスに乗り換えてカテドラル、教会、見て歩く。土俗信仰に結びついて人気をはくしているものあり。「バカロレア合格メルシー」とタイトルに彫り込んだりっぱなものもあり。日本の菅原道真を受験の神とする習俗信仰と同じ構造である。

ドール市でもう一度下車。夕陽をあびるカテドラル、スケッチ。村越によると、この地方には、ブルターニュ語という特別の言葉があり、文字もあるというが、カフェで女の子に尋ねたところでは、日常の使用では、殆どみられない、という。パリの威力やすさまじ。パリにいてここにいないもの——犬、黒人、アラブ人。一泊。

朝早くポントソンを経て、モン・サン・ミッシェルに着く。離れ小島(潮が引くと陸地とつながる)に造られた修道院、ブランキストたちが閉じ込められた牢獄など、地下に果てしなくつづく鉄格子つきの部屋の数々。朝一〇時から午後四時、門のしまるぎりぎりまで、五人いっしょに歩く。ここで、はぐれては大変。途中、ドールでかった絵葉書などいれた袋をどこかに置きわすれ、紛失する。というより、さっさと、頂戴される。カーンを経て、夜一〇時半、パリ、サン・ラザール駅に着く。すばらしい駅。モネによって描かれたもの以上に感動をよびおこす。メトロで、オーソレミヨを哀調こめて歌う者たちあり。その声、息子が、「あれ、女なのか」といったほどに、本格的な訓練をうけた女たちの合唱。これから、この駅で、寝るのだ。これが、パリ。

四日(金)

息子をつれてルーブルへゆく。残念ながら、ミレーの部屋、閉鎖中。夜、帰国の荷物つくる。

五日(土)

土産物買いに四人がかりで、ムフタールほか歩く。結局なにも買わず。娘が日本で調べてきていた玩具の店へゆく。

夜、ホテル・リベリアで、福島達夫君らと会い、会食。公害研究会の人たち。

六日(日)

午後、村越も参加して、パレ・コングレで、オペラ座バレエ団の「白鳥の湖」をみる。

今日、復活祭、あちこち、沢山の人出。あらためて、宗教という存在が、日本人に対してもってきた軽さを考える。しかし、日本人は、代わりに別の荷物を背負ってきたのである。

七日(月)

朝、山川さんにおくってもらって、子どもたち、ド・ゴール空港より帰国の途につく。洪水のような出発便の客。二〇日間少々の旅と経験から、かれらはなにをえただろうか。このさい、教育学者としての立場、必ずしも有利ならず。

夜、福島君たちと、パレ・ロワイヤルで落合い、魚料理の御馳走になる。コンコルドに出て、帰る。一一時半、子ども二人、いなくなっただけで、部屋がからっぽになり、がっくりする。

十日(木)

朝、国立教育研究所へ、本のかりだし可能か、どうか、尋ねにいったついでに、アリエスの『歴史の時間(ル・タン・ド・イストワール)』を捜して、古書店、二、三軒、まわる。いずれも、ノン。パリの読書人にアリエスの評をきくと、一致してジャーナリスチックにすぎる、という。しかし、古書市にはでてこない。それとも、だからか。わからぬ。

十一日(金)

午前中、たまっていたノートの整理。午後、もう一度古書店をまわる。「フナック」へいってみろ、というものもあり。国立教育研究所へいって、実物を借りだし、近くのコピー屋でうつしとる。一枚三〇サンチーム。

十二日(土)

午後、人口問題研究所へゆき、カイエ類に目をとおし、ノートをとる。娘から無事ついたむね速達あり。書いてあるのは、ロシアの旅客機アエロフロートの食事のすばらしさばかり。

十三日(日)

まえから懸案になっていたペール・ラシェーズの墓地見学にゆく。天を突く石碑もあれば、三〇センチ四方の汚れたプラスチックの箱におさまる身元不明(アンコニュ)のものもある。師と女弟子の関係にあったアベラールとエロイーズに始まり、ロッシーニ、ショパン、コント、モリエール、バルザック、ミシュレ、ドラクロワ、プルーストなど、各界の名士が並ぶ。圧巻は、ヌブリエ・パ(忘れるな)、ヌブリエ・パ、と並ぶ対ナチ・レジスタンス闘士たちのモニュマン。フランス人と並んでイタリア人、ポルトガル、中国人とでてくるが、日本人ついに現われず。そして、パリ・コミューンの兵士たちが処刑された壁のあとのモニュマン。つづくスペイン人民戦線義勇軍に参加したフランス人兵士、アウシュビッツの犠牲者……。すべてが心性の史料である。

十四日(月)

集めた文献の荷造りをして、一箱だけシベリア経由で、日本へ送る。三・五キログラム、一七フラン。

もうおわっていること覚悟で、モネ展へゆく。幸い、サン・ラザール駅三部作あり。これは圧巻。ソ連、カナダ、アメリカ、スイス、個人蔵の作品まであり。感動する。

夕刻、竹永君より電話。人口問題研究所には、女性の研究者はいるが、女性問題の研究者はいない由。これは、デモグラフィを扱う研究機関としては、弱点になりはしないか、とおもう。

十六日(水)

人口問題研究所へゆき、ルイ・アンリの『デモグラフィークな配景』とグラントの『マンタリテ公報』の仏訳本を買う。

国立教育研究所でアリエスの初期の作品『フランスの伝統』を借り出し、コピーする。素朴で、単純なローカリズム。これが、何事もなく、例の子どもの歴史、家族と死の心性史へと、そのまま転じていったとは、考えられない。なにがあったのか。アリエス論としては、そこを知りたい。

もう一度国立教育研究所へもどり、村越に、中内気付けで届いた奥さんの手紙わたす。テレビにでたといって、大はしゃぎ。当方一言もなし。佐藤一子君から、好物の黒豆とどく。先日のもてなしの返礼。お茶の水女子大学宛の本の荷物五個もどってくる。

十七日(木)

久しぶりに、アリエス、プレザンスの講義あり。初期のような迫力、両者ともなし。やや、まんねり。

街路樹、緑に一変する。カフェは、軒並み、ガラス戸をとりはらい、椅子、テーブル、街路にはみだす。エドガー・キネからモンパルナス大通りに出る途をあてもなく歩く。昨日、サルトル没せる旨を、『ル・モンド』紙、ほとんど全ページあげて報じる。他紙、テレビも。日本では全著作が訳され、シャカ、ソクラテスとともに、三偉人の一人にあげられているなどと、報じる。そういえば、京大文学部史学科の上田博信と、あの奇妙な文体の『嘔吐』を読んだ時代のあったことを思い出す。十九日、モンパルナスで葬儀がある由。

十八日(金)

人口問題研究所へゆき、『ポピュラシオン』誌の主要文献のコピーはじめる。所員用のとは違い、われわれにあてがわれている機器は、殆ど一回毎にこわれる安物。てこずる。ゆさぶって直してくれる下級用務員との間に、ある種の共感がひろがる。

お茶の水女子大学の女性文化資料館あてに、人口問題研究所の文献一〇冊ばかり送る。すでにアリエスの存在承知で、今回の在外研究を支えてくれている学内数少ない部所のひとつ。

十九日(土)

十六区のマルモッタン博物館にあるモネの油彩をみる。サインのないものもあり。画家にとっては迷惑なはなしである。そのまえ、チュルリーのオランジュリーの蓮の絵もみる。

日本人が居住地区として好む十六区なるものを、あらためてみてみる。——適当に狭い途巾、同じく起伏、深い木立ち、パリ各地にみられる威圧的な建物とは対照的なこぎれいな家並み。日本の中産階級の選良感覚にぴったり。

二十日(日)

ブローニュの「芸術と民衆伝統」博物館へゆく。危うく見過ごしてしまうところだった宗教と民衆伝統というテーマの展示会をみるため。ユダヤ教、カトリック、プロテスタントと、各様に農民生活に入り込んだキリスト教の形態もさることながら、それを造りあげた司祭たちの仕掛けと道具立て——金属製の壮大さと多様性。カタログによれば、九一三点。

前回きたとき買った「諸年齢の段階図」(レ・ザージュ・ド・ラ・ヴィ)の葉書製のもの、もう少し買って帰ろうとおもっていたところ、一点もなし。アリエスの影響がここまで及んでいるとは思えないが。

二十一日(月)

ビラバンの講義にでる。例によって、常連の女子聴講生のほか、男生徒は、小生一人。

二十二日(火)

マダム・デュに家賃をはらったついでに、八月十七日に出ること、バカンス中になるが、敷金の払い戻しをどうするか、まず、打ち合わせる。ラスパイユの部屋で、村越の送別会。日本ではまだだれもみていないワロンの未公刊論文までコピーしてはりきっていた。朝二時ころかえる。

ワロン編の『フランス語百科』第二巻のコピーをする。山川宅へゆき、日本標準の石橋氏の土産用に、二千フランだして、茂画伯の八号買う。値段をめぐってあれこれ説明をはじめるので、キャッシュで、ポンとだす。陽子夫人、なんて気の早いこと、という。わからないだけのこと。

二十四日(木)

アリエスのゼミに出る。メトロのスト。歩く。二〇分ほどおくれて、はじまる。ひとつき以上も前から、掃除労働者のあいだからはじまったメトロのこのスト。最低賃金二七〇〇フランの要求。このスッディオの家賃が一六三七フランだから、死活をかけた戦い。夕刻、プレザンスの講義。珍しく、最後までかれ自身の講義だった。わるいが、すこし、眠くなる。

メゾンの入口でも家主にあう。八月に出ることを、確認。後の住人に、日本人のプロフェッサーいないか、という。

二十五日(金)

ジュネーブ行きの件について、お茶の水女子大学より、依然おとさたなし。上野君あて手紙だし、催促してもらう。

二十六日(土)

ル・サロンのぞいてみる。選別してパスしたものだけかけてあるのかとおもうと、どうも、応募してきたもの全部ならべてあるらしい。そのなかから、審査員がこれぞとおもったものだけに、カタログ番号をつける。つまり、審査員自身も審査をうける仕組みになっているらしい。フランスらしいやり方ではないか。

日本人の作品は、芸妓、芸者、なかには、富士山など、エキゾチシズムにうったえての下心まるみえのものあり。ワイシャツで隠した審査員のうでに、出品者のおくった腕時計がずらり並んでいるのをあばいた山川さんの武勇伝、会場で本人から聴く。そういうことも、あるだろう。これも人間のやることだ。

二十九日(火)

今日まで、ずっと利用してきたイノの写真屋でのいざこざ。自分のミスで相手に迷惑をかけても、フランス人は、ぜったいに、エクスキュゼ・モワとメルシーの二語はいわないと聞いていたが、まさにしかり。

三十日(水)

トレーズ研が廃棄本の安売りをしていたので、二、三冊かって来る。これといったものなし。共産党関係の出版物は空港と同じで、何処で買っても、同じものが、同じように、ならんでいる。

五月一日(木)

共和国広場からバスティーユにむけておこなわれたC・G・T系のメーデーをみる。今年は分裂メーデーとテレビは報じ、定刻には、これでメーデーかとおもっていたところ、にわかに、ふくれあがる。参加者には、ネットをかぶった黒人兵士もいる。高橋誠という中央大で十八世紀社会思想史を講じている人と知り合いになる。

この五月一日には、もう一つ、鈴蘭の花を三フランから五フランで買って、これを、だれにでもよいプレゼントする風習がある。共和国広場で、妻が、フランス人の男性からもらって、どうしたものかとどぎまぎ。

デモ隊の方はといえば、インテリ、サラリーマン、学生、教員組合層は少数で、日本とはどうも具合がちがう。「ソリダリテ（連帯）」を繰り返しながらくるものの、パッとしない。主力は、過日のメトロの清掃労働者の訴えや、移民層のラシズム（人種差別）反対の声、老人のグループもあり、これは拍手をあびる。村越によると、C・G・Tは、プロスチチュート（売春婦）のあいだにも、支部をもっている、という。終日、てっていした休業日で、開いているのは、パン屋とホテルのみ、テレビも、夜になって、やっと放映をはじめるという徹底ぶり。市民社会の底辺に、ふだんは沈んでいるひとびとが、今日ばかりは、胸をはって大道を歩むことができるよう設計されたこの仕掛けに感心する。

調べてみると、フランスの労働組合は、職場としての参加ではなく、労働者ひとり、ひとりが組合支部へ出頭して申し込む個人参加制。人種のるつぼのパリでは、これが「労働者」の一点で、諸民族が結集するかたちをよびおこす。マルクスの述べたとおりである。

エルムノンビル（パリ郊外）J. J. ルソー通り　F10　1980年

二日(金)

R・A・T・Pがやっている回遊バス（エクスカーション）を利用して、ルソーゆかりの地をあるく。まず、モンモランシー。ここには、ルソーが、『エミール』、『社会契約論』と、重要著作を書いた亡命先の小宅がのこっているはず。だが、手違いがあったのか、門開かず。周りには、沼、いけを配する豪邸がつづく。

ついでエルムノンビル。まず一一三六年創建というシトー派の修道院シャリ。もとはルイ王朝の城だったものに、あとからつけくわえた部分がミュゼになっている。小ルーブルともいえそうなコレクション（私人のもの）あり。その一部に、植物学者になったルソーが、近くの森で採集した草花と、その道具あり。

修道院そのものは、野ざらしのまま崩れて草が繁り、鳩の巣になっていた。ルソー通り、団体から離れ、鉛筆をとる。「隠者の旅籠」（オステルティエール・ド・エルミタージュ）と看板をかけるホテルあり。ついで、「ルソー公園」と呼ばれている一帯にはいる。中心部に、例のポプラの茂みあり。ルソーの棺が、池のなかの島に置かれているのがみえる。彼の植物採集の現場でもあった、という。

五十歳代中心の同行者たちは、草花集めに夢中。それでも、ガイドから、ルソーのコントラがどうだという話題がでると、これをめぐって議論沸騰、アルメニア人との関係がでてくると、これについてまた激論といったひとびと。小雨ときにふりしきるなかでの小旅行だった。

三日(土)

夜、兵藤宗吉という青年と知り合う。心理学者のザゾのところにいる学生。日本でのキャリアといえば、定時制高卒。えらいと思う。

四日(日)

ル＝ゴフ編の『新しい歴史学』所収のアリエスの心性史論、もう一度ていねいに読み始める。フランスの国営テレビ、チトーの死をつたえる。『ル・モンド』紙が、からっぽのサルトルのベッドと数十人の医師が取り囲んでいるチトーのベッドを並べたカリカチュアをのせたのは、サルトルが死んだときのことだった。社会主義の最後のボスの死。

五日(月)

ビラバンの講義あり。この学派、イデオロギーが問題になってくると、ただの俗説になる。高等研究院にゆく途中、ジベールによるペダゴジーの棚に絶版中の、トラン・トンの『アンリ・ワロンの教育学的思惟（パンセ・ペダゴジーク）』をみつけ買う。また、プレザンスの講義で紹介のあったフィリップ・メイヤーの『子どもと国家理性』ほか、買う。

六日(火)

この部屋は、ラスパイユ通り二二六・二F（フランス式にいえば、第三階）。ここからの妻あて第一信を間違えて、二六六と書いたため、妻も第一信を二六六宛だしたらしいことが、娘たちのさきの帰国でわかってくる。

ことは、一年ちかく遡ることになるが、とにかくと、二六六へいってみる。なんと倉庫。これが幸いしたかもしれぬ。ひとつ手前の画学生たちがデッサンをやっている部屋の入口に、レター・ボックスがあるのをみつける。そのエヌのところをみると、見慣れた筆跡の封書が収まっている。しかも、中味はいっさい手つかず、切手だけくりぬいて。貧乏な画学生にとっては、日本の松の樹の平凡なものでも、画材として貴重なもの。しかし、個人のプライバシーは、守らねばならぬ。感心する。

午前中、高等研究院へゆき、『ポピュラシオン』誌、『アナール』誌の中の重要論文四本ほどコピーする。学生むけのサービスということか、人口問題研究所の半額ですむ。

モンパルナス駅の近くに、ロダンの女弟子の彫刻を集めたミュゼあり。なるほど、すごい切味のものあり。ロダンの愛人であると思いこみ、最後は、病院で狂死したときく。

七日（水）

ルバスールの『フランスの人口』第三巻の目次、高等研究院で探してみると、簡単に見つかる。これで解決。かえり、日仏文化協会に立ち寄り、、日本の新聞読む。大内兵衛教授逝去の記事あり。日本人会だったかが主催して、昨年大晦日の紅白ビデオどりの再上映を試みたところ、なんと、六百人余の日本人が押し寄せたはなしもあり。

八日(木)

アリエスのゼミ、プレザンスの講義。高等研究院へよって、在仏中に読んでおかねばならぬものとして、人口問題研究所編の文献リストのうち、どれだけが高等研究院にあるか、調べる。フランス国営放送は、三時間もかけて、チトーの葬儀のもようを報ずる。三月末からつづいていたメトロ労働者のストが、先日おわった。最低支給額も相変わらずのことながら、われわれにもシャワーを使わせてくれ、にいたっては、涙ぐましい。日本とちがい、ここでは水は貴重品という事情を勘定にいれても。

九日(金)

人口問題研究所へゆき、ポーランド人口学者の論文をよむ。ビラバンが借り出していたものを、特別にまわしてくれる。その前はジラルド、さらにその前はエシュトがかりだしていたもの。特別に回してくれる。午後、午前中のしごとの整理。夜、コクトーの映画ひさしぶりに観る。くもった、寒い一日。

十日(土)

久しぶりの快晴。午前、部屋で読書。午後、リュクサンブール公園からサン・ミッシェルを歩く。バダンテールのほかに、第五大の教育史の教授レオンのテキストを買う。はっきり、レ・フェ・エデュカチフと題したもの。

十一日(日)

一人でアミアンへいく。コレージュの講義で、歴史人口学(デモグラフィ・イストリーク)研究の対象として、この地域がえらばれたことがあったし、今日、ここで、カーニバルがあるというので。

駅の売店でカルト(地図)を買い、カーニバルをみたいが、何処でやってるのだときくと、このあたり一帯だという。すこし歩くと、それらしい店が並んでいる。まだ時間があるようすなので、市内見物——といっても、教会、市役所、物見やぐら(そこには、はやくも、「オバケ」たちを焼くための樹が、やまのように積み上げてあった)のある中心部、それから、サン・ロウ教会。これは、ひどいいたみ様。壁はよごれ、窓は機関銃による射撃のあととみえる穴だらけ。カルテによれば、このあたりは、「古い街」だが、実情は貧民窟。壁はくずれ、屋根は落ち、ペンペン草が茂る、無人かとおもうと、煙があがり、人のけはいがする。巨大なカテドラルと廃屋に住む貧民たち、そして、年一回、地表にでることを許されたとみるや、むなしく焼かれてしまうカテドラルの異端者たち、そのちかくを囲いこんで入場料をとり、カーニバルがもよおされる、というしくみ。かえり遅くなる。

十二日(月)

午後、人口問題研究所へゆき、ポール・オルスカの「中央ヨーロッパの歴史人口学(デモグラフィ・イストリーク)」と題する論文を読む。六八年度国際人口学会の東欧側の動きの簡単なスケッチ。いちおうコピーしておく。午前中のこと、妻ひとりのところへ、未知の女性あらわれ、、日本人会のはりがみをみたが、この部屋のあとを借りたいといい、家主のところへもいった、よし。研究所で、八冊ほど、カイエを買う。一四九フラン六〇サンチーム、家主のところへ、一五〇フラン出したら、つりをいくら出せばよいかわからない。しばらく考えて、六〇サンチーム出してきた。違うじゃないかといって、二〇サンチームかえすと、おお、メルシー。あの聡明なフランス人が、計算となるとこのしまつ。これは、数のフランス語による表現のややこしさの問題である。

十四日(水)

家主の女主人、待ってもいいから、ムッシューのような「ジャンチイユ(物柔らか)」な人をたのむ、という。
午後、人口問題研究所へゆき、東欧系の文献をひきつづき読む。

十五日(木)

キリスト昇天祭で、研究所、国立教育研究所、パリ大、高等研究院、みな休み。コピーしてきた東欧系の文献読んでみる。とくにというものなし。
サン・ルイ島を散歩かたがた、歩く。かつての大女優の隠棲の地、麻薬の館……。そして、大都会のなかの静寂。

十六日(金)

モンパルナス、サン・ミッシェルの新刊本屋をまわる。スニデールがマルクス主義の立場から批判してきたパスロン、ボードロなど教育社会学者(反マルクス主義で、スニデールらの「教育科学」の立場に批判的)の本、買って来る。社会史の側からみると、この人たちこそ、自分たちのエトスを、教育研究の分野にいかそうとしているひと達ということになるらしい。近くの棚に、ブロック(中世史家、『アナール』学派創始者の一人)、さらには、アンリ・ベール(歴史家、『アナール』の前身となる『歴史総合雑誌』創刊)のものまで集めてある。総計三六〇フラン。サン・

ミッシェルで、『アンファン』誌の昨年の国際児童年にちなんだ国際児童心理学会の報告集をかって来る。

十七日(土)

午後、よくきくセーブルの焼物をみにでかける。焼物そのものは、つまらぬ。ひとつ目をひくものがあった。よくみると、なんと「カキエモン」とある。

セーブル国際教育研究所に寄る。このセーブルというところ、十八世紀の古い街並を残しながら、他方には、ルノーの工場に代表される新市街がひろがり、とてもいい街。サン・ラザールゆきの車からの眺めもいい。

十八日(日)

『ル・モンド』紙、日本の政変を伝える。昨夜からの腹痛、寝たり、起きたりの一日。道が静かとおもったら、マラソンらしいものをやっている。なんとなく、ふつりあい。

十九日(月)

ビラバン、最後の講義。一九六五年以降今日までというテーマで、今後を論じたが、つまらぬことは、相変わらず。今回は、人口問題研究所のスタジエールである竹永（やっていることは、マルクスの研究。その人間的日常の研究。これはこれで、いい）と、岡山大の助手の杉森晃一君が新しく参加。近くのカフェで、しばらく話す。

杉森君、オルレアン近くに、二千フランで三部屋の家をかり、奥さんと子どもとでくらしてるよし。私費とのこと。それは結構だが、つづけて、ひと部屋に、奥さんと二人でくらしているひとがいるそうですよ、というから、それはおれ達のことだ、とにが笑いしながらほんとうのところをいう。そんなどうでもよいうわさ話にうつつをぬかすより、ベンキョー、ベンキョー。

二十日(火)

研究所で東欧系の文献読む。しつこい感冒。

二十一日(水)

東欧圏の文献、つづけて読む。ポーランドのユダヤ人問題をあつかったおもしろい論文あり。短いものながら。

二十二日(木)

朝、アリエスの講義あり。たっぷり二時間半、アリエスひとりで、すすめ、おえる。手はふるえて板書きままならず、呼吸のたびにぜいぜいの体調。それでも、ひとたび、はじまると、とぎれることなく進む。このエネルギー、どこからいずるのか。

夕刻、プレザンスの講義。統計論の意味について論ずる。これはこれで、おもしろいところあり。次々、かっておきたい本あらわれ、どれにするか迷う。ルセット(A. Rousset)の『ドクトリーヌ・デモグラフィークの歴史』など。

二十三日(金)

人口問題研究所へゆく。ラプラスの本をたのんだが、「ひどくふるいもの」で見当たらない。探しておく、と例の職員。かわりに、ギュイヤールの「比較デモグラフィ論」(A. Guillard, Éléments de statistique humaine, ou Démographie comparée 一八八五年)を借りだして読む。これは拾い物。「デモグラフィ」と「エデュカシオン」の関係がよくみえてくる。

午後、ミキへスイスゆきのキップをとりにいったかえり、モンソー公園をぬけ、エトワールへゆくところに、中国系のものを集めたミュゼあり。西域のものもあるが、驚いたのは、二階の仏像。なんと、伝通院第〇〇世某、知恩院第〇〇世某、武蔵国某、といったぐあい。どうして、このようなものが、こんなところにあるのか。これは、ルーブルがフランスの北アフリカ支配でなりたっていると悪口きかれるのとは、少し違う。

二十五日(日)

兵藤君をさそって、フォンテンブローへゆく。出発点は、マドレーヌ寺院。パリにはめずらしい新古典主義建築。精霊降臨祭ということもあって、人出多数。

この寺院は、マグダラのマリア(もと娼婦ということになっている)をまつっていて、キリスト教正統派の論法でいけば、二重に異端のはずが、けっこう人気あり。社会史は、この人気をささえている匿名の世界にとりくまねばならない。

フォンテンブローの森には驚く。海底がそのまま乾いて、森になったようなところ。砂地に、波形の残る巨岩、奇岩がごろ、ごろ。パリから凡そ一時間。かえり、ミリ・ラフォレ(Milly-la-Forêt)に寄り、ジャン・コクトーのかいた壁画の残る教会を見る。この詩人最後の地。

二十七日(火)

国際歴史人口学会、人口問題研究所共催の会第一日。マルサスが主題になっているが、ソ連、東欧圏の参加者もあり、どうすすむかが日本からの参加者の興味のまと。果して、入口でビラをまく者あり。ヨーロッパ労働者党となのる集団の、マルサス主義はジェノサイド論との主張である。入口を警官に守られての学会となる。

二十八日(水)

二日目、マルサス主義と社会主義、マルクス主義とキリスト教などの発表。昨日は、M・ゴドリエ(経済人類学者)の「マルサスとエスノロジー」と題する発表あり。

夕刻、パリ市役所で、市長招待のカクテルパーティ。「共和国大統領の支援の下に」などの垂れ幕。第三世界を代表する参加者たちの姿どこにもみえないのが目をひく。日本人参加者(小生以外、みな研究所のスタジエール)全員、早々にひきあげ、近くの店で、夜中の二時ころまで飲む。歩いて帰るもの、相乗りのタクシーでかえるもの、それぞれにかえる。

二十九日(木)

三日目。『ル・モンド』紙がいちど問題にしたことのある社会生物学関係の発表(「マルサスと生物学的均衡」)にひかれての出席だったが、全くの不発におわる。意図してか、論点を避ける発表だったからだ。あるいは、反論を無視したからだ。午後は、ソ連がなにかやる予定だったが、早々に帰る。

アリエスの講義休んでの参加だったが、なにやら党派の匂いが、最初から最後までつきまとって、不愉快だった。デモグラフィ関係の古典の復刻本、何冊か買って帰る。一冊おまけをくれる。

三十日(金)

アレジアの人口問題研究所へゆき、先日たのんだラプラスの本は、みつかったか、とたずねると、仕事が多く、それどころじゃない、とあっさりかたずけられる。

パウロ二世がくるというので、市内おおさわぎ。そのさわぎのいっぽうで、小さな教会のわきにしゃがみこみ、下手な歌をけんめいに歌って、「シャリテ」(おなさけ)をこう老女あり。

三十一日(土)

さわぎは翌日もつづく。大統領のジスカール・デスタンどころか、社会党のボスまで現れて、パウロ二世と肩をならべる。政教分離は、このさいだけは別。アナーキストの集団だけ別で、「教会と国家の服従」と題するビラをまいて、異議をたてる。

六月二日(月)

研究所へゆき、ギュイヤールの一八八五年本のコピーの残りを、かたずける。このコピー機先生には、ずいぶん手をやいたが、そろそろ、じゃあまた、だ。さらに高等研究院で、コピー。午後、サン・ミッシェルへゆき、グーベールとムブレ（心性史家）の名著を買う。計一八七フラン。痛いが、重要文献。

三日(火)

ババンをすこし先へいったところにある、S・N・C・Fの取り次ぎ店から、シベリア経由一〇キロの荷物を送る。七三フラン。二フラン、日本円で百円のセルビスで、大喜びでてつだってくれる。

東銀の近くに英書の本屋があると、ガイド本にあるので、デモグラフィ関係の本がもしもとおもって、いってみる。はなしにならぬ。子ども用マンガと一般教養書ばかり。フランス人のイギリス観かくのごとし。

ひょっこり、永谷君にあう。スイスについて、あれこれきく。ルイ・アンリの論文を読もうとあれこれこころみてみるが、わからぬ。まだ力がないのだ。

四日(水)

明日から、スイスへ四泊五日の出張。お茶の水女子大学から計画変更可の返書がとどいたのだ。

午後、アリエスが『ポピュラシオン』誌に発表している論考をコピーするため、高等研究院へいってたのむが、だめ。バカンスで——との言い訳。アンリ論文あいかわらず進まず。

五—六日(木—金)

八時三二分、リヨン駅発。ジュネーブ着。すぐホテルにはいり、荷物をかたづけ、そとにでる。モンブラン通りからウイルソン通りへと、レマン湖畔を歩いているうち、ひさしく忘れていた「水の音」にきづく。緑地帯にはのばなしのリス。対岸遠く、豪邸、二、三。晩年のチャプリンが、精神的には不幸だった日々をおくり、むかえたところ。

ルソー島をへて、マルシェ通りからカテドラルの方へ登ってゆく。ラ・プラス・ワラードは「市民」のたまり場。世界資本主義のただなかを生きながら、前世紀来の「市民社会」のよきものをさらに発展させていこうとする意志とちから。こういうものがあってはじめて、社会史も心性史もリアリティをおびてくるのではないかとおもう。

翌六日、目的物をみるため、芸術、歴史博物館を探す。目的の絵は、都合よく、一室にならべられていた。ひとつは、古代ギリシャ社会の決闘の場面、もうひとつは、生かす者と捨てる者とに、子どもを分類する係官と、ひろわれて喜びあんどする親、他方には叫び、悲しむ親たちを配する構図のもの。しばし呆然とする。しかし、この絵は、古代ギリシャ都市国家に対するこの画家の想念をかいたものなのか、それとも、そこに存在していた制度あるいは習俗を描いたものなのか。このままではわからぬ。いずれにしても、「教育」は国家による保障などではなく子どもの選別なのだ。そのうえでの、史家の論じてきた古代ギリシャ市民社会における「教育」の誕生なのである。

ローザンヌは、急斜面に拓かれた町。一番下のウッシーは、もと漁村だった、よし。下までおりてみる。雷雨。湖水に面したホテルでトリマット（マス料理の一種）を試食する。白鳥の群うつくし。

七日(土)

朝、メトロをつかって、もう一度ウッシーへ行く。何度来ても、みあきない。スケッチ。ローザンヌの駅までもどり、カテドラルをみるためバスに乗る。ラ・リポンで降りる。ここは、文教地区。市がひらかれていて、片足の人形をこっとう品として売っている。瀬戸物の鈴。メイド・イン・ジャパン。二〇フラン、とあり。カテドラルから更にシャトーのほうに登る途中、たばこのパイプのミュゼあり。日本のものもあり。それが個人経営。昼休みまえだったが、主人、自由にみてくれといって、さっさと、食事にでてゆく。豊かで、ゆったりした文化空間。せかせか、ぎすぎすした日本に欠けているもの。

いったん、ホテルへもどり、ツェルマットへむけ出発。下車駅で予約してあったホテルのなまえをいうと、あれに乗れという。駅馬車。古い小さい町で、もったいなくなり、少し歩いてみる。日本人の観光客でいっぱい。はいったレストラン「オールド・ツェルマット」には、なんと、日本語のメニューが並んでいる。子どもが二人遊んでいたので、どれがマッターホルンだとたずねると、正面を指さしながら、あれだがみえない、という。ここまでくると、フランス語はまったく通じない。子どもまで、観光客用の英語。夜、雨になる。

八日(日)

雨、それに日曜で、レストランも土産物店も閉まったままなので、観光の日本人たち行き場を失い、町の中を一本走る道を上へ下へうろうろするばかり。退職教組の老人にこえをかけられ、ゴルノグラードまで、登山電車で登るはめになる。もちろん、いちめんの霧。

午後、永谷君にきいていた旧村にはいる。ウィンケルマッヘン。一歩先は、イタリア。これは、勉強になった。キリスト教と村の母性信仰が結びあってというより利用しあって独特のかたちを創り出している姿を、そこにみることができた。小高い丘の斜面に一〇メートルおきくらいに祠があり、頂上の白い小さい教会につづいている。出発点には、岩陰に、マリアの像がつくられ、色とりどりの花、ローソクがともされている。ひとっこ一人あわない。ドイツ語でなにか書いてあるが、風雨でうすよごれ、よく読めない。降りてきてミュゼをみつけ、資料らしきものを探してみるが、登山関係のものばかり。

教会のよこにあるメチエールにもはいって見る。赤いランプのようなローソクと花がいっぱい。死者と生者が共存する岩山のあいだの村。スケッチする。川をわたったところで昼食。

いったんホテルへひきあげる。ジュネーブ、ローザンヌ経由で、パリに帰る。着、一〇時。リヨンでメトロに乗ると、うす汚れた世界が、どっと全身にわりこんでくる。

十日(火)

午後、人口問題研究所へゆき、ジラルドの本だしてもらう。

十一日(水)

大学都市のキューバ館に永谷君を訪ねる。殺風景にはちがいないが、あちこち聞くほどではない。クスクスというアラブ料理をごちそうになる。永谷君、文学部出身のせいか、どうしても、子どもが好きになれない、わるいが、という。そんなことで、遠慮は無用、教育が嫌いで教育研究にうちこんでいる人はいくらでもいると、学部生時代を思いおこして応答する。それに、周郷博先生の陰に陽につぶやくように語ったこと。教育が好きで、教育研究をしている旧師範学校タイプの人間など想像しただけでもきみが悪くなる。

十二日(木)

いそがしくしていて、今日が木曜であることに、昼近くなってきづく。アリエスの講義、わるくいくと、最後の……。

十三日(金)

高等研究院へゆき、コピー。

十四日(土)

グーベール論文ようやく読了。「社会史」史上の評判のわりに、つまらぬ。問題意識のちがいか。読みが浅いせいか。

十五日(日)

日曜。森めぐりをしていて、評判のパリ第八大学に偶然はいりこむ。フランス第四共和国の「平等」のシンボルとして、勤労学生、エトランジェむけサン・バカロレアをうたうのだが、山間僻地のバラック建てで仮校舎。黒人の子どもが一人、誰もいなくなったキャンパスで遊んでいたのが印象に残る。
兵藤君から電話。日本人学校で、漢字学習の実験をしようとしたところ、新旧校長両派の派閥争いにまきこまれ、うんぬん。こんなところまできてもこれか。さもあらん。

十六日(月)
高等研究院へゆき、『ポピュラシオン』誌の教育史関係論文のコピー。午後、さきの女性が知人をつれて現れ、部屋をみたいという。
マリより電話。試験がおわったので、一週間ほど、郷里にかえってくる、という。

十七日(火)
夜、パンテオン横のラロミゲール通りにある高橋誠君の夕食にまねかれる。三部屋に大きい食堂、トイレつき、三千フラン。外国人教授受け入れビューローでみつけたという。

十八日(水)
研究室あて、日常報告中心の手紙をだす。

十九日(木)

三回つづけて休んでしまったアリエスの講義に、ひょっとの思いでゆく。なんと、今回が最終回。今日は、来年度の講義(「私生活の歴史」)についての期待をのべよ、という。なにも準備してなかったから、あわてる。なんとか、すませる。しかし、しゃべりっぱなしではすまない。こんどは、アリエスの側からの質問、日本の妾の習俗についてきかせてくれ、という。アリエスにとって、当然の関心事であることはわかるが、当方、語学力の前に学力の問題。アリエスも、学生も、いや、なんとも、と驚いたにちがいない。

二十日(金)

ロダンのミュゼにゆく。ほとばしりでる生命力。

二十二日(日)

ポン・ヌフでひらかれていたカーニバルに出会う。学生街。中古の習俗が、こうして、現代社会に、ヌッと姿を現わす。「歴史」の観念について、あらためて考える。教育史いかにあるべきや。

二十四日(火)

朝、七時四五分、東駅から、社会史発祥の地ストラスブールへむけ、たつ。

二十五日(水)

プチ・フランスと称している旧市街にはいり、ここでミュゼ二つばかりみる。「ミュゼ・イストワール」となのっている方は、つまらぬ小型のパリ。小雨かとおもうと、晴れる。

翌日、さらにミュゼ三つ。川べりをしばらくたどって、サン・パウロ教会から目的のストラスブール大学に入る。社会史の名とともに著名な『アナール』誌創刊の地である。ところが、ゲーテの像ばかりが目立ち、かんじんの、マルク・ブロック、リュシアン・フェーブルの記念碑らしきもの、まったくなし。手がかりになりそうなものもなし。『アナール』の社会史研究に占める比重は、日本で考えられているほど大きくないのかもしれない。

二十六日(木)

あさ早く、日本標準からの電話で起こされる。久しぶりに国立教育研究所へゆき、アリエスが序文をかいているエラスムスの礼儀作法研究書を借りる。もうひとつ、アリエスが人口問題研究所からだしている「ネサンス」(naissance)についての論考をたのむ。さんざん待たせたあげく、たのまれた所員は時間がきたというのか、さっさとかえってしまい、あとを継いだ男をせかすと、「貸し出し中」の返事。やれ、やれ。

P・U・Fの外国書を売っているところで、デモグラフィ関係の本を探すが、一冊もなし。この徹底したフランス中心主義。

二十七日(金)

高等研究院で。『ポピュラシオン』、『パンセ』などの論文中、目立つものをコピーする。夜、山川夫妻をまねき、妻がひとあし先に帰国するというので、「新東京」でごちそうする。日本の話になり、自民党大勝でパリの日本人画家大よろこび、と山川いう。日本の金持ちが安泰しさえすれば、絵もうれるという論法。「戦争は」とたずねると、これをやれば、日本はもっとピリッとするといったぐあい。こんな俗論とこの人の美意識は、どのように結びあっているのだろう。文学作品では、よほどのマヤカシでないかぎり、考えられない。

二十八日(土)

朝早く起き、オンフルールへバス旅行。地中海を見下ろすがけっぷちにできたもと海賊の村。それが、今は金持ちたちのバカンスの別荘、ホテル街。レストランのギャルソンまでが、おたかくとまる。二、三枚スケッチ。泊まる。

七月一日(月)

高等研究院へゆき、『ポピュラシオン』、『アナール』などたのむが、とりだしの装置がこわれていたりで、ものにならない。バカンスになると、パリでは、なにもかにもバカンス。休むときは、休め、ということ。

二日(火)

国立教育研究所へでかけたところ、十一日から九月十日まで休みになると張紙をはっているところ。『アナール』関係の文献を借り出し、近くでコピーする。

三日(水)

前日のつづき、昨日のものをかえして、今度は三冊一度に借り出す。人口問題研究所からでているアリエスの報告書、やっと借り出す。

四日(木)

昨日借りた三冊のうち二冊コピーして、所にかえす。今夜はパリ最後の夜とて、妻、寿司つくる。

五日(土)

予定どおり、ド・ゴール空港から発つ。出発前、コンシェルジュのマダム・ギレック、彼女の愛犬マレーシアと上機嫌で写真におさまる。

六日(日)

一日中、食事をつくっている感じ。妻の座のになっている生活の重み、あらためてしる。ケセルボーム、グラントらの、初期デモグラフィ研究者の文献、よみはじめる。

七日(月)

高等研究院へゆき、『幼児の教育』をコピーしようとするが、相変わらずだめ。第五大へゆき、すませる。午後、国立教育研究所へゆき、プレザンスがよく引用していた統計学関係の文献を探す。

八日(火)

高等研究院で、アリエスの論文の載っている『ポピュラシオン』誌五三年三号ほか、二本ほどコピーする。ルイ・アンリが、戦後日本史にふれている論を、この機会にみつける。

午後八時過ぎ、マリ、くる。妻からわたしてくれといわれていたあれこれ、わたす。夕食、天ぷらとざるそば、当方としてはせいいっぱいのご馳走。マリが事務補佐のアルバイトとしてやとわれている男から、レストランに招待するとか、日本までのキップをかってやるといった誘いの電話がかかってきてこまっている、という。相手にしないこと。夜おそくなったので、トルネフォール通りの女子寮まで、送っていく。ラスパイユで、夜中に工事道具をもって歩いている男たちにあう。出稼ぎの労働者たち。

九日(水)

ポンピドー館で、アリエスの論文をさがすが、みつからず。すこし横にはいったところに、てまわしよく、新品のコピー機がおいてある。古書用だろうが、そうは目的どおりにはこばない。学生ふうの男が、新刊書をどんどんコピーしている。これでは、出版社側はたまったものではない。

十日(木)

今日で国立教育研究所の図書館も閉まる。五冊ほど二回にわけて頼んだが、出てきたのは『アナール』誌一冊だけ。あとは全部貸し出し中。このかん、待つこと二時間半。

世話になった教授たちへの返礼の手紙。あれこれ苦心してしたためる。カドーつき。マリが手を入れてくれた部分、電話で確認。合点のゆかぬところ残るが、これは従うほかなし。

十一日(金)

このような時間の永遠につづかんことを願いつつ、一日おえる。

昨日したためたプレザンスとアリエスあての手紙を清書し、モンパルナスの郵便局から出す。午後、ポルトマイヨーにゆき、スニデール、ジラルドらへの礼状になにかをそえてとおもってさがすが、適当なものなし。日本でかってくるべきだったのだ。「芸術と民衆伝統」博物館へゆき、昨年買った「人生の諸年齢段階図」の大判二枚たのんだところ、ないという。前回小判をかったとき、たしかにあったのだが。流行とは恐ろしいものである。一冊の地味な学術書がうみだしたもの。

ブローニュの森をしばらく歩き、立ち止まっては湖面を見つめる。ベンチにすわり、なにをするでもなく、じっとしている老人。こういう老人をいたるところでみかける。その増大は「年齢図」のかたちを変え、老人観、子ども観をかえ、今までなかった教育の課題を提起していくことになるだろう。いまベンチにいる老人は、こちらがなにかたずねると、威儀をただして、こたえるにとどまっているだけだが。いや、そうとばかりはいえない。C・G・Tが組織したメーデーの隊列には「老人」の組合が参加していたし、これが拍手をあびていたのだ。

マルモッタン美術館にたどりつき、もう一度、モネをみる。

十三日(日)

終日小雨ふる。例のバス旅行のキップをかってあったので、迷ったすえ、でかける。これは、大失敗。雨のなか、セーヌの上流までバス、ここからさき船旅というコース、集合時間をまちがえ、とり残される。幸いバスが待っていてくれたので、たすかる。船旅の終着点で、セーヌに浮かぶふねを描いている若い夫婦にであう。男が描き、女が横でみている。その姿が妙に印象にのこったので、こちらも描く。

昨夜から、パリ祭の「前夜祭」。山川から、くるようさそいがあったので、でかける。いってみると、画家の卵たちが集まっていて、大放言中。近くの消防署へいって、おどる——といっても、ゴー、ゴーだが。となりにいた若い女の画家が、サインくれ、という。個展をひらいたら、見にきてくれともいう。

十四日(月)

パリ祭当日。永谷君とラスパイユで落ち合い、コンコルドまでゆく。すごい人出、パリではめったにない大雨。逃げ込んだレストランで、こわごわ生肉をたべ、それぞれ帰る。

兵藤君に電話、ムフタール街をのぼりつめたところにある「由緒」ある広場に三人陣取る。まもなく、じんたを鳴らしてはじまった若い娘たちの「おどり」、それが、なんとも、事務的で、無表情。隣に年配の父娘あり。説明していわく――わたしは、ここで、四〇年かん、この踊りをみてきたが、年々、情緒のないものになるばかりである。これは、そういう文化的伝統をになっていた人々が、部屋代があがって住めなくなり、この種の文化をもたぬ金持ちたちが住むようになったからだ。頭のテッペンに、アンテナつきマイクの赤帽子をかぶった連中がふざけておどっているのを指さしながらいう。

十七日(木)

国立図書館(ベー・エヌ)で文献さがし。午後ルーブルによる。これは幸運。三階がひらかれており、しかも、前回開かれてなかった部屋まで開いていて、ミレー、コローなどの作品あり。意外にちいさい。しかし、考えてみれば、彼らは農民あいてに、村で描いていたのであり、都市の富裕な市民が相手なのではないのである。黒人の上半身裸像一七六八―一八二六あり。自画像か？　驚く。

十八日(金)

社会史の理論のひとつであるブローデルの「長期波動論」あらためてよむ。レンヌ通りのフナックへゆき、マルク・ブロックの『一九〇四―一九一五年戦争の思い出』を手にいれる。また、ロマン・ロランの『ジャン・クリストフ』全一冊を買う。とてもいい装丁。もう一冊買っておきたい。

十九日(土)

小荷物ひとつ出す。ブローデル、殆んどすすまず。フランドランの『ファミーユ』の序文をすこし読む。モナルキー（君主制）社会では、「私生活」の研究は、公的世界の研究にも、多大の成果をもたらすだろう。というのも、そこでは、君臣の関係が親子の関係になぞらえられているからだ、など、日本でのこと、どこかできいたことのある議論である。午後、オデオンへゆき、辞典二冊ほど買う。

二十日(日)

ここのところ、連日、雨。午後、晴れたので、郊外ポワシーへゆく。しろのある森と案内にあるが、それらしきものなし。

夜、竹永君より電話。昨日、パリへかえってきた由。

二十一日(月)

一二時ころ、竹永君きたる。ちかくのレストランとカフェで計四時間ほど話す。ブルガリアのソフィアにぐうぜんの事で一日滞在したときの社会主義国家の印象。その精神的、物質的貧しさ。精神的云々はともかくとして、物的にもということになると、社会主義はなんだったのかということになる。彼地の人々は、ヨーロッパへゆきたし、という。そのいうヨーロッパとは、フランス、イギリス、ドイツ、なかでも、パリなる由。

妻より手紙。ミリン干しの小包。夜、ねむれぬとあり。返事、書く。

二十二日(火)

セーブルへいく。二回目。何が、自分をここへ、ひきよせるのか。裏小路あり。ぬりつぶして、ひとの住めなくなった家、あまたの落書き。アーチスト、アナーキストたちの集合住宅。「太陽は万人のものなるを」の書き出しではじまる都市・高層ビル地区への抵抗の落書き……。

二十三日(水)

午前中、書を読む。午後、タンプ通りを歩く。スケッチ一枚。ものにならず。夜、永谷君と、サン・ミッシェルのシャンソニエに行く。つまらぬウサばらし。

二十四日(木)

本、三箱、シベリア鉄道で送る。黒人のアルバイト学生、要領をえてか、えずしてか、キッテのはりかた、みていると、真中だけ水をつけてぺたんとやるので、両端は、宙に浮いたまま。午後、ポルト・オルレアンをそとに出たところで、スケッチ。「女高師」なるものを見る。数年まえ、学長の依頼あって、日本で調べたところでは、その実体はなかったはずなのだが。

夜、次の住人が、知人を連れてやってきて、お礼の招待をしたい、という。十七区の三つ星レストランで食事、痛飲はじまり、閉口する。三時半ころ、解放してもらう。

この女性たち、どのようにしてお互いを知り合うのだろう。今回は姿をみせなかったが、じつは同じような男たちとつながっていて、自分たちで対処できない問題がでてくると、この連中がでてくる。日仏文化の深部を生きるかれらの悲しみと知恵にふれないでは、アリエスもワロンもあったものではないと思う。

二十五日(金)

ひる近く、兵藤君より電話あり。はなしがちぐはぐなので、つっこんで聞いてみると、「彼女」と喧嘩してでてきたのだ、という。これも、自分に経済力がないからだ、という。

二十六日(土)

高等研究院へ、本を捜しにいったが休み。スッディオのすぐ横にある映画館で、永谷君のすすめるイタリアの映画を観る。ファシスト全盛期、ミゼラブルな山小屋に幽閉された要保護観察人のインテリ(医師)の日常をとりあげたものだ。久しぶりに、この種のものをみる。

モンパルナスの本屋に、フランドランの本を注文しにはいったついでに、シャンソン、ミサなどはいったテープを買う。アドルフ・ランドリーの『人口動態革命(レボリュシオン・デモグラフィーク)』の抄録を、まずドクトリン集でよむ。

食料買い出し、洗濯と、いそがし。

二十七日(日)

前々から、計画していたサン・ドニのバジリークをみにゆく。ここは、すばらしい。そして、なんたる荒廃。この古代ローマ期の教会は七世紀のものというから、公認になって三世紀たってのものということになるが、入口の扉にきざまれている彫刻からはじまって、内部の彫像類にいたるまで、すべてが、ヘレニズム系の肉感的なものなのだ。サン・ドニ市立のミュゼも公開だが、これもいい。第二次大戦勃発時の市のアッピール、『ユマニテ』紙、『ポピュラシオン』誌が展示してあった。

横に市役所あり。「サン・ドニはわれらの町」とあるが、その町のなんたるわびしさ。もう夕食時というのに、所在なげに地面にすわったり、ぼやっと立っている男達。殆どがアラブ系、ポルトガル、スペイン系も混じる失業者たち。二ヵ所ほど安酒場があって、にぎわっていたが、ここにも入れない男たち。

この市に着くまでも、普通でない。駅にちかづくと満席の殆どは、アラブと黒人、白人は一人だけ。三つほど手前で降りてみる。うらぶれた町並。テントの端をすこしあけてようすをうかがう老人。八時すぎ、帰宅。おそい夕食。

おとといのこと、朝起きて、愕然とする。部屋のまえのラスパイユ通りの石畳が、一夜にしてアスファルトに変わり、もう、どんどん車が走っているのだ。パリ中心部も、こうして郊外の産業道路なみになっていく。道は、もはやたたずみ、楽しむところではなくなってきたのだ。

二十八日(月)

高等研究院へゆき、デモグラフィ関係の文献をさがす。オデオンへでて、ジベールで、ソレ(Sole)のものほか、四冊ほど買う。

二十九日(火)

兵藤夫妻きたる。夫人の手料理で夕食。美味。「主婦」のもつこの腕の価値、近代はまだ未発見。しかし、うかうか「発見」されるとたいへんなことになる。子どもの場合と同様。

三十日(水)

一時ころ、ミミきたる。残っていた彫刻、すべて、もっていってもらう。この人何者なるや。五時ころ、マダム・ツリュックきたる。ベッド、スタンドなど、かりていたもの、全部もっていってもらう。夜、松本夫人より電話あり。帰国の挨拶を留守電にいれてあったことへの返事。もう一年たったのですね、という。そうなのだ。この一年、なにをしたか。つい内省的になる。

三十一日(木)

ポンピドーまでいって、『アナール』はないかときいてみると、一九七二年号だけありとの返事。これでは話にならぬ。ところで、副産物あり。デモグラフィの棚があって、古典文献の復刻本が、『ポピュラシオン』誌までそろえてあるではないか。これは、ひろいもの。明日からしばらく通うことにする。

八月一日(金)

ポンピドー図書館へゆき、古典復刻本をすこしずつコピーする。一七四三年に、アムステルダムで、でている「オム・オン・ソシエテ」と題する本に、「教育論」がはいっているのをみつける。人口に子どもの数の占める割合で教育におよぶもの。著者は未知。これは、アリエスの先駆か？　しかし、よく読んでみると、当時よくあった貧民（の子ども）救済事業論。

二日(土)

フランドランのフランス近代史論のノートをすませ、ロンハルドの追悼論集によせられたグーベールの論文よみはじめる。午後、ボーベへゆく予定のところ、汽車にのりおくれ、次では時間不足、二四フランものキップをすててしまう。モンジュの植物園へゆき、自然史博物館をみる。

ムフタール通り　F10　2010年　パリ14区

かえり、ムフタール通りを二回、三回登り下り、去り難い思い深し。

三日(日)

グーベールをおわり、アンリを読む。前者はおもしろかった。この種の議論になれてきたということかもしれない。

ノートルダム前までゆき、ブキニストから、何枚か画用紙印刷の絵を買う。たちまち三百フラン。ゴブラン織、一七五フラン。

今日も暑かった。パリジャンがいなくなり、ガムをくしゃくしゃかみ、向かいの椅子の背に足をかけて平気な顔をしているアメリカの小娘ばかりになると、この街は、まるで魅力のないものになる。街は、そこを生きる人々でもある。

四日(月)

今朝、北海道大の鈴木秀一さんから、サッポロでの講演をひきうけてほしい、と電話あり。妻より来信。『朝日』学芸部より、短信掲載依頼の速達がきているよし。日本標準より電話。顧問の件。ことわる。父母より来信。これが最後だろうが、元気でかえってこい、とあり。あれや、これやで、もう、日本着陸の準備がはじまったということ。

午前中、グーベールとアンリのノートとる。東銀へ金をおろしにいったついでに、ルーブルによってみる。ルーブルでないとみられないものに、であう。中近東近代の部屋があいていて、穴があくほどみてくる。いまは流亡の民となって、パリのあちこちにたむろしているアラブ人のすがたとだぶらせて、複雑な気持になる。日本人は、第二次大戦敗戦の重荷をいろいろのかたちでしょい、生きてきた。フランス人は、そのひとまわり過去の「植民」のつけという重荷をしょわされて生きている。ルーブル批判はあいかわらず。しかし、ルーブルの手がさしのべられなかったらどうなっていたか。

五日(火)

午前中、マルク・ブロックの文献を二点ほどひろいよみして、ノートにとる。人口問題研究所へいく。コピーひさしぶり。

夜、中央大の高橋教授のところへ、よばれにいく。自分用につくって、ひとりで食べる食事のまずさは、ぼくも知っているのでとは、教授の弁。フランスの歴史家たちのはなし、話題にのぼる。人口問題研究所は、中道右派。『アナール』そのものが邪道で、問題は階級分析がない点にある。フランスのコミュニストのあいだにもみられる批判である。一時ちかく、夜道のユルム街を下り、ポール・ロワイヤルへでて、歩いてかえる。

六日（水）

アンリ・ベールをよむ。パラダイムのすべて、ここにできあがっているではないか、とも思う。ル＝ロワ＝ラデュリもよむ。

よる、高等研究院の伊藤るりに、さようならの電話をする。伊藤君おどろいて、その話、マリは知っているか、という。いなかへかえっているが、連絡があったら、二人で、おじゃまするからというから、大歓迎とこたえる。

昨夕より、腹がしく、しく、いたむ。最後のコルゲン、まじないにのむ。

七日（木）

人口問題研究所へゆき、『アナール』誌にのっているはずのアリエスの六〇年本をめぐる論争の文献をあつめようとするのだが、れいの白服のデブさん、間違ったものばかりもってくる。それでも、けんめいにやってくれるから、いったん受け取り、お義理に関係のないものをひろいよみ。東欧関係、いぜん、貸し出し中。

八日(金)

もういちど研究所へゆき、一九三六年にでている「人口動態革命」と題する本をかりだす。今日は三人きり、それも一一時すぎると、一人きりになる。部分コピー。今日の受付はひげさん、いや、えらい古本だといいながら、誰かがかりだしていたものを、もってきてくれる。なにかおれいを、とおもいながら、名案なし。最後に、さよならというと、アレ、オー・ルボワールとかえってくる。

午後、ジョルジュV駅へでて、海洋博とミュゼ、シネマをみる。前者はまったくのはずれ。アリエス批判論三点ほどよむ。そのなかでは、スニデールのものが、もっともしっかりしている。しかし、それが、何か宗派の僧正の説教をきいているようなかんじになる。

モンパルナスの郵便局から、エシュトとジラルドに、近く日本にかえるが、世話になったと礼状をおくり、沖縄産のテーブル・センターをそえる。

マルセル・カルネの名作『北ホテル』を、テレビでみる。なつかしや、ルイ・ジュビエ！

九日(土)

午前中、スニデール、更によみつづける。

マリより来信。離仏前、一度どうしても会いたいので、十五日、パリへゆく、とあり。あなたのいなくなったパリをかんがえると、寂しくなってくる、ともあり。別離とはかくなるもの。こちら、センチになってくる。市で買い出し、これも、あと一回か。

ポンピドー館へゆき、マルセル・ラインハルドの一九四九年初版、『世界人口史』をとりだし、一部コピー。『ポピュラシオン』誌にのっているマンタリテ論争もコピーする。五時丁度におわる。一九一九年、ロシア革命間もないころ、フランスでつくられた無声映画を、シネマチークでみる。――愛くるしく、行儀もよい子どもを、夫婦が一丸となって、外なる悪、敵とたたかいながら育てる、という筋書き。今朝よんだスニデールとアリエスの論争点をおもいだし、おもしろかった。ポンピドー館で、絵葉書三〇枚ばかり買う。沢山の老人、青年が、このひろばに、なんということなしに集まり、たむろする夏の一日。こういう空間を発明したポンピドーという男の頭のよさ、政治力に感心する。

十一日(日)

朝九時から夕刻七時まで、軽い食事をなかにはさんだだけで、集めてあったアリエス批判関係の文献をよむ。ボルタンスキー（社会学者）ほか。

国立教育研究所のマダムに、帰国の挨拶状をおくる。夕刻、すこし歩く。パリジャンのいなくなったパリは、空っぽの箱。とくに日曜日は。都市を都市たらしめているのは、人間、つまり生活の文化、マナーなのだ。蚊までてきて、昨夜は悩まされた。

十二日(月)

ボーベへゆく。アミアンへいった時の感動よみがえる。ゴール人のつくった町だから、教会も古いロマネスク様式、彫刻も顔などけずりとられたものもあり。ミュゼには、三、四世紀ころの彫刻あり。ふくよかなたたずまいの作品が多く、感動する。受付の老人、外貨趣味者で、ジャポンもってないか、とはやくも財布をとりだすしまつ。

グーベールのデモグラフィカルな研究対象になった地域。町は、全体として、がっしりと大地に根をおろし、何百年にわたって、自己一身を生きてきたのだ。シャトーとみまちがえるようなリセの建物にいたるまで。雨、時々、降る。夜中、腹いたむ。下痢。薬のむ。

十三日(火)

朝おきてすぐ、近くの郵便局から、A・D・Mの「社会と子ども」特集号を送る。こちらで読みおえるつもりで、最後の最後まで手元においてあったもの。航空便にする。今朝から、『歴史学の手法(フェール・ド・イストワール)』論集中マルクス史学関係のもの、読みはじめる。「新しい歴史学」に対する論法にしぼって読む。

午後一時、リュクサンブール公園北西側のカフェで、吉原、高橋両教授と落ち合う。飛行機で各国を回り、古書を集めている古書店相手の古書店。紀伊國屋の付けで、お二人、大量に買い込む。当方、ソルボンヌがだしたルソー攻撃の本一冊とエルベシウスの『人間論』初版本を依頼する。お茶の水女子大学に買ってもらう予定。

今年の夏は秋のように涼しい。腹具合わるく、昼抜きにする。夕刻より洗濯。

十四日(水)

朝四時めざめ、そのまま起きて、勉強する。ル＝ゴフ編の『フェール・ド・イストワール』に収められているピエール・ビランの論考よむ。まず、まず。

午後、東銀へゆき、残金二万フラン一寸を、日本に送りかえし、口座をとじる。永らく有り難うございましたと、送金係りの女性のかけてくれた言葉が、妙に身にしみる。メトロ・ルーブルの近く、小店にでているインディオの彫りものが気になり、二五〇フランだして買う。

同日午後五時、吉原、高橋両教授と、メトロ・オデオン近くのカフェで落ち合い、マギ書店へいく。沢山かってくれたのでお礼をということだろう、おやじさんの招待で、近くのレストランへゆき、午前二時半ころまで、おしゃべりする。息子、それに八十五歳という母親も参加して、ケネー、ボーダンからはじまって、サルトル、カミユまで万般にわたる議論。これに八十五歳になる老婦人が対等に参加してくるのだ。

十五日(木)

午後三時、兵藤夫妻と、ペール・ラシューズ墓地、今回は南部反戦のモニュマン地帯を主に歩く。マドモアゼル湯浅の魂もこの地にねむる。夫妻と、ゲーテ通りを少しはいったところにあるムール貝をだす店で夕食、あと別れる。

十六日(金)

昨夜、帰宅十二時。きょう、荷物の整理。夕食に、山川宅へよばれる。日本から二名の来客中。山川宅からマリに電話。明日、約束。ひるま、サン・ミッシェルのブキニストから、二五〇フランで、絵を買う。

十七日(土)

午前中、勉強。絵も描く。ひるの食事、兵藤夫妻にきてもらい、ウドン食べる。バルザック記念館へ、ひとりでいく。自宅で、入口、出口と、通用門が二つある。借金取り対策だというから、驚く。サクレクールにのぼり、絵描きの広場に直売でかかっている作品を見て、驚く。つまらぬものに、三五〇フラン、五〇〇フランと値がついている。
六時、マリくる。ムール貝の店にゆく。すこし休んで、エドガー・キネのメトロのまえまでゆき、そこで別れる。一年のつきあいだったが、感傷的なことばひとつださず。かしこい女子学生だと、つくづく思う。このような人格を育むフランスの家族、社会の人間形成の歴史をあらためてみなおす。一〇時帰宅。二時ころまで荷物つくる。

十八日(日)

ラスパイユの部屋に双方の関係者あつまり、引き渡しをする。ババンで、兵藤夫妻とも別れる。あとはマリと二人。ド・ゴール空港二階で、フランス式の別れの挨拶。来年には東京へいく、という。

ＪＡＬ四四〇便が滑走路をはなれたとき、あついものがこみあげてくる。夢か幻か。否、確かに実在した三六五日。

〈幕間〉社会科学高等研究院での講義演習、そしてあっけない永遠《とわ》の別れ

アリエスの姿をはじめてみたのはかれの講義に出はじめるまえ、ラスパイユのスッディォにあったうつりの悪いテレビジョンでだった。フランス国営放送アンテーヌ2がパリのカタコンブの由来をとりあげたとき、その解説者としてかれがでてきたのだ。人間の老いと病いと死がかれの視野にはいっていたことをわたしはこのとき知った。当然のことがわたしにはまだわかっていなかったのだ。大学教授らしからぬ、それこそ巷間の「日曜歴史家」の自称にぴったりの風ぼう。これが、講義演習の場に立つと突如、言説の闘士に変る。授業は自身の講義、発表担当の学生との討論、そしてセクシャリテ関係の研究者たちをつぎつぎと相手方によんでの主題についての討論。これがときに双方顔をまっ赤にしてのはてることのない激しい論戦になり、当方はへいこうする。猛烈な早口。ノートは真白。まだ残る日本の留学生のご意見拝聴方式とは全くの別世界である。その論争を学生のまえでやってみせて、学生たちそれぞれに知と方法を吸収させ、かつその問題意識をひき出すという方法である。いよ

いよ今日が最後という六月十九日の演習でアリエスは参加者ひとりひとりに質問し、あらためて自身の問題関心をいわせた。わたしにかれはたずねる。日本の妾蓄の風習について——、ああやんぬるかな！　当方、体験と教養の全くの欠落。

かれが相手にえらびゲストとしてつれてきたのは、A・ベジャン、P・ヴェーヌ、M・フーコー、J-L・フランドランら、日本でも知られている教授たち。これを機に、フーコー（数年後には急死）のコレージュ・ド・フランスでの講義にでることにもなったし、フランドランのものを精読しはじめるなど、ここから間接的にえた恩恵も大きい。それにしてもこの都市に住み、ここに集ってくる人びとのこのなんという知への探求意欲。日々公刊され、平積みされる学術書。これをむさぼりよむ学生たち、コーヒー茶わんひとつをテーブルにおいて終日、ときには夜空が白みはじめるまで議論する人びと。そしてわたしまでが、友人のマリと——。パリ全体が知に飢えているのだ。わたしは、敗戦直後のころの日本人の日々を思い出した。フランスではまだその日々が続いている。

アリエスの姿を最後にみたのは、社会科学高等研究院での講義も終ってバカンスをむかえようとする八〇年の七月のなかごろのことだった。大きいからだに小さなカバンをもって、せかせかとポンピドー前の広場を横ぎってゆくかれの姿を遠くにみかけた。ポンピドーのビブリオテークかシネマティーク（ここには、なんと一九一七年をはさんでの前後数年のロシア・ソヴェト映画が、ずらり、しっかり、保管されている！　これをみてみて、芸術分野でのボルシェビーキ化政策の深部がわかった気がしたものだ）に用事があったのか。声をかけようにも大声でないととどかない距離、そのまま人ごみにまぎれて見失う一瞬のできごとだった。その一瞬の決断ができず、これが生前のかれの姿をみる最後となった。

帰国して三年半がすぎた一九八四年のはじめ、わたしは杉山光信氏らの相談にのってアリエスの日本での連続講演を実現するための企画に参加することになった。日仏会館と相談したところ「死の歴史」といったテーマではえんぎがよくない（そのころかれの大著『死を前にした人間』の邦訳の前作業がはじまっていた）から子どもの方でやってはとの話があったと、杉山氏（当時、東京大学）。こうしてテーマと日程を決め、会場はお茶の水女子大学（当時、私はこの大学の教員だった）となったが、来日直前になって連絡がとだえる。あわてて八方電話をいれているうち、成田到着予定の日になって急死のニュースが入った。まことにあっけない、突然のわかれだった。

数通の手紙（かれはタイプを使わなかった）と、テープにおさめたかれの肉声だけを残して、かれは忽然とわたしの前から去った。

急死後、アリエスの名声は、フランスでも日本でも次第に高まっていった。かつてパリの古本屋を探し歩いて相手にされなかった『歴史の時間』も復刻されるし（一九八六年）、日本でも翻訳がでた（一九九三年）。かれがその一角を特有の角度で担っていた社会史と心性史の歴史学・社会学界に占める比重も大きくなっていった。アリエスがあと数年の余命をひかえて論壇にでてきたころまだかけ出しだったP・ブルデューらの時代がやってくる。ながらくこれを白眼視していた日本の教育史学会もその存在を無視できなくなり、守旧派の人びとのなかに、なにもアナールだけが社会史であるまいと、もっともなことを述べて学会の現状の糊塗をはかる論法が現われる季節となる。

（「フィリップ・アリエスの学生だった頃」『環』一二号〔二〇〇三年冬〕、より抄録）

2

アレジア――サン・イーブ通り四番地

一九九〇・八・十三――九・八

一九九〇年八月十三日(月)

チェコのプラハでひらかれる国際教育史学会出席を目的に、まず、パリをめざす。この一〇年のあいだソ連（ロシア）との平和条約、依然として未締結、したがって領土問題もあいまいなまま事情若干改善され、成田から一二時間ノンストップでド・ゴール空港につく。山川画伯夫妻の紹介で、十四区サン・イーブにある食堂こみで二間の部屋におちつくことになる。主人夫妻はバカンス中とかで、そのかん、こちらが使用するという契約。

十四日(火)

ゴルフ場入口になっている近くの村へゆく。村のたたずまいことごとくが、題材になる。廃屋になった農家、木作りのガレージ、教会、村のレストラン。バカンスで、人かげまばら、スケッチ中の前を横ぎる村の人々、いちいち挨拶。

部屋、暑くて眠れず。それに、よくこんな貧しい家具、食器類でと妻驚く。しかし、それでも、フランス人は、バカンスを手放さないのだ。そして、入り口のドアには、二重カギが二個さがっている。住人、アジア系の人多い。

十六日(木)

サン・ラザール駅から一時間半、パリに来ている娘夫妻とルーアンへいく。ジャンヌ・ダルク教会の奇抜な建物におどろく。モネの描いたカテドラル、酸性雨にやられて白骨化、修理のための足場が組まれてみるかげもなし。夕食、パレ・ロワイヤルの大阪屋でラーメン。客は全員日本人。集団行動するのですぐそれとわかる。

十七日(金)

この一〇年の間のパリのさまがわり、「企業社会化」というより、そのひとつのかたちである「アメリカ化」。ムフタール通りの歴史のしみついた建物はピカピカに磨かれ、サン・ミッシェル駅前の広場、かつての面影なし。

十八日(土)

ツーリズムのパリビジョンを利用して、娘たちと、ブルゴーニュ地方旅行にでる。背の低い葡萄の木が一面に広がる畑のまんなかに、十二世紀シトー派の拠点だった修道院が、いまは地方産業ブルゴーニュ・ワイン開発の拠点としてたつ。旧地主、庄屋の私宅がワイン倉になっていて、試飲会をやっていた。中世と近代産業の、興味深いつながり。

ついでボーニュに移動、尼僧院付属のホスピス「神の館」をみる。見事な建築。ここで、グループをはなれる。けっきょく、ディジョンの市場で合流。旧市の中心部でバスから下ろされる。このときになって、バスガイド、地図入りの案内図をわたす。これ、あべこべじゃないか。しかし、このフランス式の方が、先入観を個人におしつけず、鑑賞の個々人もちまえの力をひきだす意味ではベターだ、ともおもった。日本人の間では、それより実用性と便利さが先立つ。留守中、おなじ学会でパリに滞在している小林千枝子君の置き手紙あり。

二十日(月)

朝、予定通りハイデルベルクむけ出発。ハイデルベルク大学からネッカ川を橋でわたり、例の「フィロゾフィーレン・ベルク」を歩く。これを手本にしたという（おそらく嘘）京都市左京区にある「哲学の道」。二つは対応するようにみえて、ずれる。前者が山岳にきざまれた道なのに、後者は先庭の道。この差大なり。日本のアカデミー哲学の性格あらためて考える。

夜、かたいベッドでひさしぶりに安眠。とても感じのいい、日本人びいきのホテル。

二十一日(火)

ハイデルベルクにのぼる。町中、若い観光客でいっぱい。ネッカ川にかかる石橋の上でスケッチ二、三枚。市内のミュゼは、王侯、貴族のつまらぬコレクション。マンハイム、京都の哲学者たちが力をもっていた時代にひかれて、期待はずれのつまらぬところへ寄り、夜遅くパリにもどる。

ちかくの中国系レストランで夕食。

二十三日(木)

プラハでの国際教育史学会参加のため、単身、ド・ゴール空港から出発。四時起きる。ブラッセル経由。乗り換え、説明なしの遅れで、午後三時すぎ、廃機になった戦闘機のような飛行機でジェンタム空港につく。例の強制換金。ドルだけパスで、あとは駄目。日本でビザをとったときもらった証明書をパリにおいてきた件がもんだい。むこうは、一度手にいれたドルをてばなしたくない。幸いとなりの窓口にいた兵隊ふうの男がビザを再発行してくれてパスとなる。職業その他の形式的な質問あり。ラストで外にでる。車をひろい、シェトナー・ウーリッツというところでおりる。小さな道をしばらく歩き、大学本部につく。さらに迷路のような道をたどって、大会受付の場所につく。宿泊券、食券、レジュメなどうけとる。

交差点になると、運転手が下りて、手でポイントをきりかえる電車。ただし、旧社会主義国の遺産をつぎ無料。先にきていた太田素子君の夫君、日本教育史の知友片桐君らと会う。この方面に明るい太田君、ビザ再発行の件をきいて曰く、数年前だったら、即座に「おかえりくださいとなるところです」。片桐君はさんざん批難されながらアナール派の社会史に理解を示してくれた日本近代教育史の大切な友人。

開会式。僧衣をまとい、冠をいただく、中世大学かくもあらんのいでたちの学長出席しての開会式。それからディネ（夕食）。学生の寮がわれわれの宿泊所。鍵交換の券をもらい、英語で質問したら、ドイツ語かフランス語でやれとおそろしい剣幕。大学から一時間ばかりの山の中での話である。同じような反英・米感情は、フランスでも経験したところ。社会主義という「理想主義」の敗北へのくやしさなのか。

二十四日(金)

学会に出てみる。レジュメを見ただけで意気喪失、親しい間柄にあるヨーロッパ圏中心の学会らしい。入り込む余地なし。次期会長に選ばれた男などは、アリエスを、その自伝『日曜歴史家』のタイトルをとりあげて、ひやかすしまつ。

プラハ城の奥まではいってみる。カレル橋のうえで、ぶらぶらしている片桐君らにあう。「プラハはせまいね」といって別れ、しばらくたって、片桐、あちこち電話しているところに出る。スリにやられた、航空券、T・C、日本円、なにもかもガッポリやられた、という。鍵なしの鞄にいれ、うしろむきに、背中にしょって歩いていた、というのだから、これはカモ。夜はみなみな集まり、「片桐を励ます会」になる。プラハは「百塔の都」のほまれ高い古都。なかでもこのカレル橋は著名。それが「自由化」の名のもとでこのしまつ。

二十五日(土)

こちらへくるにあたって、いろいろ世話になったプラハ在住のお茶大卒生の案内で、郊外の城ひとつ観る。モーツァルトの野外コンサートにでる。入場者名簿に、日本語で「はるばるきたりしもの哉」と、書く。このあたり一帯、上からの産業革命の跡地、荒涼たるものあり。城はカレル四世のもの、平凡だが、みやげもの店多く、換金しすぎの連中大助かり。

夜、クロウジング・ディナー。みなみな、おおいにはしゃぐ。ロシアからきているサリモヴァ教授とへたなタンツ。それでも飲みたらず、一橋大の同僚関啓子君のホテルへいって、飲みなおす。関君の理由なきつけ。

二十六日(日)

閉会式。日本からの参加者集まり、古代ユダヤ人街みてまわる。どうしてか、だれも記念館のなかに、入らず。このような、いうなら辺鄙なところまで、この民族の息づかいの残っていることに、かんがえさせるものあり。午後東欧史が専門の太田君の案内で、教育史で著名なコメニウスの博物館にはいる。革命ビラまで集めてある。

夕刻、水一滴も飲まなかったので疲れはてて、ひとりパリにたどりつく。

二十七日(月)

午前中、プラハの学会関係のノート、書類など整理。モンジュへ出て、ムフタール通りをたどる。どうしたことか、五時すぎというのに、店が全部閉まっている。

二十八日(火)

明日からのスペインゆきのためのペセタの準備。相変わらずの面倒な手続き。セーヌをわたって、オルセー美術館に入ってみる。入場者多く、かつてうけたような印象なし。それでも、からだがなれてきたのか、スケッチの意欲湧いてくる。

二十九日(水)

市バスでオルリー空港へゆき、南から乗る。昼すぎ、マドリッド着。タクシーでオテル・グラン・アトランタにはいる。約束ぎりぎりの時間に、国際歴史学会の会場であるマドリッド大学医学部にゆく。小林千枝子君、先着。登録する。午後八時半からレセプションがあるという。ところが、会場ゆきのメトロが途中で動かなくなる。広い林のなか、さがしまわる。途中、一橋大史学科の助手にあう。教授の佐々木さんもきているが、こちらはキャンセルして、リスボンにゆくという。日本史専攻者としては、このほうが得策。なにしろ、「盆栽」など、実物とコトバまで共有している間柄なのだ。レセプション、オソマツ。挨拶もなく野外でのつまみぐいというていたらく。早々にホテルにかえる。

学会の報告書をみると、こちらの方はいわゆる社会史やデモグラフィをめぐる問題提起が群をぬいて多い。とすると、教育の分野だけが別グループをつくって旧式を守っているということか。

三十日(木)

学会ぬけだし、念願だったカンポ・デ・クリプターナでのスケッチ旅行にでかける。アルカザールまで、汽車でゆき、そこから先はその場で考えようと改札を出る。幸にも、キャンバスをかついだ老婦人がちかよってきて、日本人じゃあないか、という。アメリカ在の二世画家、四泊して画き、帰るところだという。「タクシーでいくのが一番」と、たむろしている運転手に交渉してくれる。千ペセタで往復、四時に迎えにきてくれることになる。

風車のひとつが売店になっていて、ドン・キホーテの彫物など、ならべてある。いちめんに広がるかわききった砂漠地帯に展開する風車群、感動のいち語につきる。夢中で描く。紙を地面におしつけて、気がすむまで描く。ひるになったが、レストランらしきものなし。老人たちが、所在なげにたむろしているだけ。結局、二人水一本だけでしのぐ。午後にはいると、むら全体が休息、人影どこにもなくなる。

車、約束どおり、むかえにくる。チップ、二百ペセタはずむ。かえりの汽車が、また傑作。特急指定をとってあったのに、八時間遅れという。その間に、つぎつぎ後発の別の列車がはいってくる。駅員のいわく、どれでもいいから、すきなのに乗ってくれ。西欧の「先進国」いまはかくのごとし。分岐点は何。わかりきったことをあらためて考えなおしたくなる。八時すぎ、マドリッドのホテルにもどる。

三十一日(金)

歴史人口学会の本年度大会、今日、この国際歴史学会の一部門として、図書館をつかって開かれる。参加。午後市内観光。実につまらぬところ。ホテル近くのレストラン、これしかないので、はいってみる。かたい肉。スペイン語以外まったくつうじない。スペシャルとあるので、これならとたのむと、皿からはみでているスリッパのような怪物がでてくる。

九月一日(土)

午前中、歴史人口学会のセミナーに出た後、小林君とトレドにゆく。駅からして、ステンドグラスで見事なもの。コミッションを七倍もとるものがいるから、注意してください、と少々、文法のあやしい日本語でかいたパンフレットがおいてある。観光地特有の雰囲気につつまれているとはいえ、グレコの作品は見事なもの。古代ユダヤ教会のサンタ・マリア（Sinagoga de sta. María La Blanca）は見ごたえあり。

夕食かねてのカフェテリアで、ボーイ、つり銭千ペセタをサービス代金として、そのままもってかえろうとする。小林君の「セニョール」のひと声。その効果絶大。お茶の水女子大学にはめずらしい、どこでも元気いっぱいの小林君。

二日(日)

ホテルちかくで、一枚スケッチ。染色工場で働く子連れの夫婦が主題。これはものになりそう。今日で終了。ホテルの支払いをしようとすると、「コンピュータがこわれたのでわからぬ。何泊したか」とたずねるしまつ。そこから、はじきだす計算。最初から最後まで、いいかげんだらけのこの社会、それでけっこうやっていけるのだから、不思議の国。四時近く、アレジアにつく。

三日(月)

コテイ通りをとおって、一〇年前、一年間くらした、ラスパイユのスッディオへいってみる。家主だった、ル・ギュウ氏の名札はあったが、コンシェルジュの札はなくなっていた。病気で不幸な結末になった村越のこと、少時考える。

午後すこし午睡、全身だるく、二人ともカゼにやられたらしい。シテでノートルダムを描こうとするが、ものにならず。疲れる。

四日(火)

サン・ミッシェルへでて、ブキニストから、図版二、三枚買う。家主の赤松氏、エレーヌ夫人あて、いろいろ書きおく。家中おおそうじ、残したもののワイン、ミズ、調味料、それに少々の贈り物。

山川氏、ひとりで迎えにきてくれる。間借り料七五〇〇フラン、電気代二百フラン、それに、あの複雑きわまるカギ、わたす。ド・ゴール空港1、JAL入り口で、別れる。アデュ・パリ! 機内映画で、ビビアン・リーの『哀愁』観る。希望と絶望のうずまく毎日だった京大の学生時代を思いだす。

3　レシダンス・パンテオン・パリジアーナ

一九九一・八・二十—十・七　トゥルヌフォール通り　パリ五区

まえがき

九一年八月十一日、チュリヒでの国際教育史学会に参加。サリモヴァ、サイモン、プレザンスらと再会。十五日、汽車でドイツ側へ国境をこえ、フュッセン、ローテンブルクをへて、マールブルクに泊まる。旧知のピンケにあい、この地の社会史研究の様子をきく。みやげに本いただく。モスクワで、ゴルバチョフ失脚事件ありときく。二十日、予定を早めて、八時三〇分発で、フランクフルト経由パリ東駅へとむかう。

在京中、高橋誠中央大教授より紹介のあったトゥルヌフォール通り、パンテオン近く、老嬢二名の経営する三部屋、ボロベッドの部屋に、八月二十日から数週の予定ではいることになる。ここから人口問題研究所にかよい、家族関係の文献を集め研究者に会うのが目的。これで、デモグラフィの概念をめぐってのこる空白が、うまってくるか、どうか。今回の長期在外研究は、一橋大学の研究助成によるもの。

一九九一年八月二十一日(水)

パンテオンから左岸のあたりを、ひとまわり。アリエスの著書が、その名しられるようになる以前のものもふくめて、ひろく並んでいる。ピンケもいっていたが、日本の読書人の、あきっぽさと対照的。そういえば、今年の国際教育史学会チューリヒ大会での発表のひとつは、冒頭、アリエスに言及するものであった。日本ではもう語るものもないが、現地では余震がつづいている。

二十二日(木)

昨日みつけておいたアリエスの旧著『歴史の時間（ル・タン・ド・イストワール）』の復刻本を買いにゆく。途中、一四一三年開校のコレージュあり。こういう存在をまのあたりにすると、日本の中等教育史なるもの、よほど視角をかえねばものにならぬ、とおもう。

『ル・モンド』買う。ピンケのいっていた事件、一種のクーデターだったようす。失敗におわる。

二十三日(金)

たびたびとおりかかりながら、足をふみいれなかったパンテオンに入ってみる。共和国の栄光賛美のこの国家装置の豪勢さ。ゾラ、ルソー、ヴォルテール、ユーゴー……。ついでに、クリニュー博物館にもはいってみる。小学校の子どもと教員の一団、目前に実物をみながら、その説明がおこなわれている。日本では、やりたくてもできない授業。西欧化による近代化日本の悲劇。ここが変わらないかぎり、日本の教育はよくならない。しかし、下手にかえると東洋主義一本やりの国粋主義になる。戦中日本はその典型。

モスクワでのクーデターの失敗、急展開、今度は「赤狩り」の様子。ウクライナなどでは、共産党が非合法的状況においこまれている、と『ル・モンド』は伝えている。

二十四日(土)

近くの郵便局、父あてのはがきの切手を買おうとすると切手を窓口になげ、釣銭もなげわたす局員、日本の国鉄以下。それが、橋をわたってサン・ルイ島にある局にいくと、一変する。ルソーらがよく集まったというランベール館から、アヘン天国を夢みた連中のやかたであるローリン館のあるあたり、サン・ジュリアン・ポーブル聖堂と、そのわきにあるパリ最古という老木の前をぬけて、サン・モルバン聖堂へ、つまり、高級住宅街ということ。パリを一変させたという八〇年代の産業社会化も、この地帯には、およびえなかったということ。

二十五日(日)

ムフタール街の日曜日、ここだけが店を開いて、あちこちに、アマチュア辻音楽師のグループができるなど、楽しい一画となる。

午後、ダントン通り、サン・ジェルマン・デプレ教会、クロワ・ルージュ広場、サン・シュルピス広場と、まわる。サン・ジェルマン内部のやさしい美しさ、あらためて感動する。クロワ・ルージュは、パリ・コミューン期にバリケードのつくられたところ、ロベスピエールいうところの「理性の寺院」サン・シュルピスはみごと。農民文化の粋をあつめる。ロモン通り三〇番地、かつて精霊神学校のあったところ、みつかる。なんということなし。近くにあったはずの女子感化院あとは、聖域のおもかげもなし。そういう存在をゆるさぬ時代を通過したということか。神学校の創立は一七八〇年だったとおもう。

人口問題研究所のエシュト教授、国立教育研究所へのまえもっての連絡を忘れていたことを思いだし、あわてて二通だす。

二十六日(月)

ムフタールで二枚、トルネフォールで一枚、クロワ・ルージュで一枚とスケッチする。サンジェルマンの本屋をあさる。『中世学生生活史』を買う。予定していたものだが、一二〇フランとは、少々いたい。

二十七日(火)

カゼでねこむ。シャルトルゆき取り止め。アリエスの新刊本の解説をよむ。

二十八日(水)

暑い一日だった。シャルトル、妙に観光地化され、かつての姿なし。六時すぎ、かえってみると、エシュトのところへ、今年またきているらしい杉森晃一君のおき手紙あり。エシュトとの日程うちあわせの件。

二十九日(木)

午後、研究所へ杉森君をたずねてゆく。入口の様子すっかり変わり、ガードがきびしくなっている。にせのスタジエールがあらわれ、やすい昼食をたらふく食べ、ついでに、かっぱらいをしていくようになったので、こういうことになったという。当方も、あれこれ「尋問」される。運よくエシェトにあい、あれこれ会いたい人の名をあげ、紹介をたのむ。

三十日(金)

以前、兵藤君からすすめられたことのあった、「田舎の町」ランスへゆく。これは、あてはずれ。妙に近代化され「田舎の町」ならぬ地方都市。カテドラルのほか、なにもなし。昨夜、ベッドから、ずり落ち、額に、裂け目ができるしまつ。

ゲーテ通り　F8　1981年　パリ14区

三十一日(土)

近くの国鉄の駅へ、旅行の下調べにゆく。このあたり、かつての素朴さはどこにもなく、小「東京」化。よく通ったゲーテ通りをあるいてみる。ここも変わりはて、むかし描いたオテル・ブルターニュほか、おもな建物、みな白一色にぬりかえられている。

九月一日(日)

永い時間かけての調査と計画。念願のエズ村スケッチ旅行に出発。第一日目、リヨンに泊まる。リヨンは、ローマがゴール制圧の拠点にしたところ。そこへ、キリスト教がはいってくる。ヨーロッパ史が、いくえにもかさなってみられる。地下の礼拝堂は、現に使用中。付属の博物館あり。日本語のガイドがついていている。そのほか、神学校跡、音楽堂、など。
旧市街へと歩いて下る。これはすばらしい。観光客ひとりもみえず町並はルネサンス様式。一枚描く。

二日(月)

タクシーでパールデュー駅にでる。この女性ドライバーは良心的だったが、ニースでは、ひどいのに、でくわした。こちらが指定するホテルにはゆかず、あちこち観光スポットをあげる。黙殺していると、おれの英語がわからぬかと、ひどいドイツ語なまりの英語でふてくされる。二一フランのところ五〇フラン札をわたすと、そのままいってしまう。観光地のタクシーには要注意ということ。表通りのニースは、文字どおり、の国際観光地、なんということなし。裏通りを歩いて一枚描く。四、五歳の子どもがたむろしていて、目があうと、ジャポネ、ジャポネ、チイーズと、アメリカであった事件をもうとりこんでいて、からかう。表も裏もがさつな街。

三日(火)

バスをつかって、目的地のエズへいく。午前一一時から午後五時まで、村のあちこちをめぐり、描く。もともと足下の地中海をとおる客船を略奪する目的で、海賊がくりぬいてつくった巣窟。おもな目的の建物は、一流ホテルに変身、ちかよりがたく、山頂からのスケッチにとどめる。

四日(水)

最初のタクシーにこりたので、かえりはバスでニース駅にでる。汽車はバカンスからの帰りの家族でいっぱい。ツーロンでやっと坐れる。連結器の上に、仮の椅子、日本では絶対ゆるされない軽業。親切で親心にあふれた日本。だから個人がそだたぬということにもなる。

ツーロンは海の町。それも軍港。船員らしき男、足をはだけて、寝転がり、その上に女が転がっている。日常のことか、だれも、これをとがめるものなし。一度いってみたい町。車窓から眺める。

『ル・マタン・ニュース』。朝、ニースでかった地方紙。これは面白い。『ル・モンド』とは反対で、ポリチイクは五、六面、それまでは、この地方のみじかな記事――結婚式の予告、私立学校の紹介と入学手続き、子どもの夏のフェスティバル予告、など。夕刻、帰着。

五日(木)

きまったように、七時半、めがさめる。杉森君に電話するが、つながらず。午後、ちょっとのつもりで、サン・ミッシェル通りへでかけ、いつもの書店で、フランスでの日記、自伝類使用の歴史文献をきいてみる。ないというので、とりよせてもらうことにする。メトロでラスパイユにでる。エミリー・リシャール通りとラスパイユ通りの角地の花屋、窓もバルコニーもなく密会の場所に使われたというが、ここでは大きい窓がついていて、墓地参りの人びと相手に、花をうっている。そこから、捨子収容の回転式扉があったというサン・バンサン・ド・ポール病院へとあるく。向かい側に、この病院（いまは小児専門病院になっていた）の設立者の像あり。いわく、「子どもを愛するとは、人間（ロム）を二度愛することなり」と。アリエスのいう「子どもの誕生」とはこういう方向へと発展しうるものでもあったのだ。この二面性重要。

そこから天文台の方へいく。たしかにこのあたり、佐伯祐三が絵にしていたように記憶。ここで「文学者協会」なるものを捜しあてるが、つまらぬもの。さらにサンテ通りにでる。このあたりにアウグスチヌス系の女子修道院があるはず。探しあてる。現在も同じ目的の施設としてつかわれている様子。ポール・ロワイヤル通りへでて、そのまま歩いてパリジアーナにもどる。おもわぬ遠足。パリはこういうところなのである。人をひきまわし、ひきだす。

サン・ミッシェルの本屋でかった本、一冊はブルデュー系のもの、もう一冊はマンハイムの近代論の仏訳本だが、訳者の解説が、「ハビトゥス」の概念で行われていて、面白そうなので、買ってかえる。いずれにしろ、一〇年程前、マルクスボーイあつかいをうけていたブルデューらが、正面にでてきた観あり、『ル・モンド』紙、だれが、マルクス亡きあとの、フランスの左翼のシンボルになるかを論じていわく、エドガー・ギラン氏……。いずれにしても新左翼。

六日(金)

杉森君に連絡がつく。午後、パリジアーナまできてくれる。電話がかからなかった由。いっしょに人口問題研究所へゆき、スタジエールになる登録をする。写真、それに、研究課題もはっきりさせないままにしたので、あとで、加筆にゆくことにする。近くのカフェで、少し話する。五時ころ、ロンドンの島本修君（成蹊の卒業生）に、電話ボックスから電話する。

七日(土)

ムフタール通りを、旧エコール・ポリテクニクにむけてのぼりつめたところに、ちいさくひろがる広場。一〇年前、兵藤夫妻とキャトル・ジュイエの祭りをみたところ。ゆき場のないホームレスの男たちがたむろしているところ。そのさまを、まわりのカフェから若い男女がながめるともなく眺める。

おもわず、エンピツに手がでる。午後、エンピツをかいにでたついでに、本屋をのぞくと、フーコーの講義録が冊子になってでている。本屋の下読み業をやっていた彼を世にだしたのはアリエスだというが、いまはアリエス亡く、フーコーひとり全盛。空しさよぎる。留学生としてイギリスにきている一橋大の久冨善之君より電話あり。

八日(日)

イギリスでの質問の要点、再度点検。

ムフタール、日曜日で、はなやぐ。この世界を、いつか、絵画としてとらえたし。午後、まだあるいたことのないバスティーユ、リパブリック、と歩く。カルチェ・ラタンとまたちがったよさ。店がひらいているとき、もう一度来たし。運河にたちよって、二枚ほどスケッチ。これはもの、になりそう。明日から予定のイギリスにゆく。

九日(月)

九時半すぎ、ロンドンのヒースロー空港着。久冨君にむかえられる。ロンドンの地下鉄はチュウブというが、文字通りで、いかついパリのメトロとは対照的、抵抗感なく、はいっていける。橋本洋二君の父君紹介のホテルに陣どる。

夕刻、島本修君夫妻あらわれる。訪問先の三教授の研究室へのゆきかた、その他、教えてもらい、助かる。久冨君ともども、ピカデリー・サーカスの中華店で、ロブスターのごちそうになる。

子ども二人は寄宿舎学校にいれ、夫妻で郊外に住んでいるという。われわれの世代にはない新しい親子関係。日産ロンドン支店の中間管理職としての苦労を語る。チビの中学生だったころの島本は、それでも、はっきり残る。先生（すでに六十歳代）も変わらぬ、と彼いう。

ホテル、ラッセル・スクエア公園に面しているというものの、車やかましく、ねむれず。明日以後のこと、ずうずうしくやるほかない、と思うと、とたんに眠りにおちる。

十日(火)

いくつかアンダーグラウンドとメトロポリタンをのりかえて、ウクスブリジで下車。ロンドンのまったくの郊外。大学は、そこから、さらにタクシー。ここだといっておろされたところ、生け垣があって、その後ろに、バラック建て一階の建物が並んでいるだけ。たずねてみると、確かにこれが「デパートメント・オブ・ガヴァメント」だという。

「日本は金持ちだから、スタッフもたくさんいるだろう」とようやく探し当てた訪問先のバーネット教授いう。ここでは、ソーシアル・ヒストリー（社会史）のスタッフは自分ひとりだと、夫人とつれそってのお出迎え。集めたイギリス労働者の自伝類、いつでもみせてあげる、と実物をみせ、最後に、自著にサインをして、さしだす。一一時ころ、辞去、ホテルにかえる。妻、不在。置き手紙して、一寸のあいだ、ブリティッシュ・ミュージアムへいく。その名日本でも知られる「ロゼッタ」にはあえたが、「最古のミイラ」のほうにはお目にかかれず。

午後島本夫人のとっておいてくれたキップで、三人、ロングランになっているというミュージカル「キャッツ」を観にゆく。エリオットのオリジナルをミュージカル用に脚色したもの。夕食にさそったが、急ぐというので、ホテルでわかれる。

十一日(水)

セント・パンクラス駅を朝でて、B・Rで、シェフィールドに着く。ここの大学の日本研究センターに留学している乾君にむかえられ、ファクトリイ・ミュージアムなどみせてもらう。労働者の生活史、その仕事場がさながらにミュージアムというのは、産業革命の先端を走ったイギリスならではのこと。

シェフィールド大学では、メイエル教授が、建物の入口までむかえてくれる。パリとはずいぶんの違い。この人、家族と教育問題が専門というのではなく、いまは、移民、少数民族問題をやっているというから、話はふかまらなかったが、前もってたのんであった人口問題関係分野の文献一覧をつくってくれてあったので、たすかる。こういったことは、フランス人よりイギリス人のほうが、はるかに親切。

十二日(木)

昨日と同じことを、今日訪ねたキール大のビンセント教授にもかんじた。まず、かれのほうから、日本教育史研究の現状について質問あり。ついで、下のコーヒーショップにさそってくれる。キールストイ・オン・トレントの産業革命史を実地にみる町を案内してもらうことになる。インダストリイ・ミュージアムまでゆき、内部のくわしい説明をきく。トックリ型の瀬戸物焼工場の大群が四〇年前まで、びっしりあったのが、すっかり姿を消したこと、その産業革命のリーダーが、ホテルの離れにたっている像の主であること、など。

岩波からの自著の翻訳の話でる。印税がこないが、というので、編集部に知人がいるから、きいてみてもよい、とだけこたえる。背の高い、しんせつな男だった。

キール大学は大学だけで町を形成し、教会から銀行までもっていた。教育学部(デパートメント・オブ・エデュケイション)もあるにはあった。われわれとは交流なし、という。ペーパーをおくろうか、ただし、日本語だがというと、読める男がいるから大丈夫という。

四時ちかく、駅前で、久冨君と会いロンドンへかえる。雑草の茂る一角などもあって、もう一度きてみたいとおもった。

もう一泊することになる。夕刻、トラファルガーを経て、国会議事堂ちかくを散歩、中華店で夕食、ビールつきで一〇ポンドほど。

十三日(金)

午前中、ホテルのまわりを少し歩く。一枚描く。ビール屋の店先、題して曰く「フレンド・アット・ハンド」。各国語のものと並んで日本向けあり。「いらっしゃいませ」。ちかくに、ディッケンズの屋敷があるはずだが、みつからず。有り金六〇ポンド少々はたいて、息子にネクタイピンを買う。

夕刻五時すぎ、パリ着。パリジアーナにもどる。国立教育研究所からの手紙とどいておらず、こまってしまう。

十四日(土)

換金にオーステルリッツ駅にでかけたついでに、セーヌ川、サンジェルマンちかくのブキニストから、古書二冊ほどかう。また、たのんであったフランス労働者文学の本(ビンセントによると、「自伝」をつかった文献の最初のもの)、ボルタンスキーのものなど、買う。午後、イギリスで入手した文献類の整理。

十五日(日)

エタンプヘスケッチにゆく。サン・ミッシェル駅から、約一時間、中世の町。

小川があり、洗濯場がつくられている。しばらくすると、川にかかっている石橋の上に、子どもたちが集まっている。橋に、並んだり、下りたり、われわれに、ちかづきたいが、どうしたものかと、うろうろする。こちらから呼びかけいっしょに写真をとったりすると、オーボワールといって、クモの子が散るように、どこかへ消えてしまう。子どもの世界には、国境はない、民族のちがいもない、しかし、階層、地域の差は？　三枚ほど描く。「チーズ、チーズ」といってわれわれをからかったニースの裏町の子どもを思いおこす。

かえり、ベトナムのスーパーによったところ、なんと「たくあん」がある。注文すると、レジの女の子、鼻をつまんでわたす。

十六日(月)

午後、二十区のペール・ラシューズへゆく。メニルモンタン通りにあるはずのサン・シモン主義者たちの共同作業場あとをみるのが目的のところ、確定できず。ロベスピエール関係の教会というシャロンヌ教会に入る。素朴な教会。五世紀に、礼拝所としてはじまったというから、このあたり、とても古くからひらけたところということになる。今は、労働者街。一まい描く。教会の裏の墓地に、パリ・コミューン関係の兵士の遺骸がでてきたところがある、というが、これもはっきりしなかった。

パリには、企業化の波とのたたかいのあとをいろいろのかたちでみることができるが、どれも敗北か変質のかたちといわざるをえない。

十七日(火)

人口問題研究所へゆく。ベルナール夫人から、スタジエールの証明書もらう。図書室にはいり、三冊借りる。受付は黒人にかわっていたがひどくきびしく、棚にだされていても、さわらせない。一二時半、マリに約束してあったので、いそぎかえる。

午後、国立教育研究所へ返事のないままゆく。エルカイム夫人、不在。十九日の午後もういちど訪ねる約束をとる。教育史専攻のM・M・コンペールのこともたのむ。友人との約束があるというマリ、ルクセンブルクのメトロの入口で別れる。

夜、杉本君に電話。夜のムフタール街を散歩。昼間とは、また、ちがったたたずまいをみせるこの通り。シャンソンをやっているテアトルあり。

十八日(水)

研究所へゆく。杉森君がでてくる。つい、おしゃべりになり、ベルナールに頼んであった本、もらってかえるのを忘れる。彼との議論で、印象にのこったこと。

(1) フランス人の日本観は、「経済大国」といわれるにいたった経過をおさえてないので、あいかわらず、「ジュク」、「エコノミック・アニマル」、「社訓のちかい」といったシンボルでおさえるレベルにとどまっている。

(2) 日本の教育は、いい意味でも悪い意味でも内務省下の統治体系のひとつであった。

(3) 英国は、英語と英才教育が健在なかぎり、大丈夫とおもっている。じっさい、大丈夫である。日本における英才教育の未成熟は、大衆民主主義のせいではない。「個人」がいないということである。

(4) フランスでは、人口学に目前のリアリティあり。厳格な選挙制度のこと。

(5) フランスにも、「自伝」をもちいての労働者史あり。

十九日(木)

人口問題研究所にゆき、『アンファン』誌のバックナンバー(児童心理学国際学会特集号)をかりだそうとする。以前だったら簡単にすんだが、今回は、借り出すときは、俺をとおせと、わりこんでくる「係」の男がでてきたりする。そのやりとりで時間をくう。以前にはなかったことだ。

国立教育研究所にゆくと、エルカイムというババ様がでてきて、返事できなかった理由をあれこれ並べ立てる。忙しくて、これをみてくれ、という。部屋のかべに、某々短大研修団一行云々といった額だの、なんだのが、ところせましとはってあり、カゴシマ四七名、チバ三八名といった具合に、日本からの来訪者数がならべたてられている。文部省が、対日教組政策としてはじめた教員の海外研修が、このしまつ。これといっしょにされたのでは、たまったものでない。なにを知りたいのかというので、意向を告げると、そんな部門はここにはない、という。コンペールの件についても、難色をしめす。ここはだめと断念し、カドーをわたしてかえろうとすると、エルカイムのきげんにわかによくなり、明日またと、入口までおおくりくださる。無駄なやりとりで、疲れる。

二十日(金)

エルカイムに案内されて、ユルム通りを下までおりたところにある所の分室へゆく。なかばゆきがかり上のおぎり。ゆきついたところは、移民の家族と子どもの家庭学級の保育研究の場といったところ。職員たちは、みな熱心だったが、所は、これで断念する。

夕刻、P・U・Fへ本をかいにゆき、老人の歴史をあつかっているものをさがしだして、買ってくる。デュビイが序文をかいている。杉森君より電話あり。エシュトとランドリーの本、もらっておいてくれた由。夜、「ムフタールの新劇場」となのるところへ、シャンソンをききにゆく。ロシア人のシャン歌手が、下手な、反共ものを歌うばかりだった。

二十一日(土)

前回計画しながら実現しなかったポワシーにあるコルビジェのビラ・サボワをみにゆく。ポワシイについてからがなかなかで、バスが行き過ぎ、終点からまたおりかえして、ビラのまえで、特別にとまっておろしてくれる。面白い建物。

革命前からの遺物を集めてあるというミュゼあり。セーヌ河畔にでて二枚ほど描いてみるが、ものにならず。かえりの途中、メゾン・ラフィットを通る。ここで降りるべきだった、とあとで思う。たしかアリエスのいたところ。新聞、ロシアの政情不安、フランス左翼のごたごたを伝える。

二十二日(日)

アフリカ・オセアニア博物館に行く。べつに、これというものがあるわけではない、いや、ひとつ、アフリカの、なんとも哲学的な風貌のマスクにひきよせられる。このミュゼを訪れたアフリカ移民が、これをみたらどういうことになるだろう。陳列品には、ひとつひとつ、出土地名が書いてある。しかし、これをみるアフリカ系移民たちは、自分がアフリカの広大な地帯のどこからやってきた人間なのか、この哲学的なマスクの同胞とどういう関係のもとにある人間なのか、知りようもないのだ。植民主義のかたちをとったキャピタリズムがこの大陸のデモグラフィにのこした爪あとは深く、広い。しかし、どうすれば、このようなところでのデモグラフィをつくっていけばいいのか。これがアフリカにおける「子どもの誕生」または不在にどうつながってゆくのかをさぐる段になると、目がくらむ。

カスパールの論文を読み、質問項目をつくる。

二十三日(月)

午前中、二十区のメニルモンタン通り、シュムラン通りと歩く。かつて、アンファンタンたちが夢をかけた共同作業場あとには、医師の表札がかかっていた。裏にまわると、公園があり、老人たちが、日向ぼっこをしていた。一枚描く。かえり、ナシオンからしばらくきたところにあるケ・ド・ギロールでおりて、一枚描く。このあたり一帯とりこわされて、アメリカ式の機能ビルがたちはじめ、残った巨大マンション「メゾン・ルージュ」には、「住むことの権利」とかいた立て看がならんでいた。一枚描く。これは、ものになる。

午後、人口問題研究所へゆく。品切れの家族研究文献一冊借りだし、複写。杉森君とあって、しばらく雑談。エシュトによる『神の秩序』の仏訳とランドリーの『人口革命』もらって帰る。

二十四日(火)

ケ・オン・ギヤールのテント村、五区のサン・ポール寺院とまわる。一枚描く。後者は、パリのジェスイット最初の寺院、人影なし。

家で勉強。今日、ようやく、目的物に近づいてきた感じ。P・ガスパール他の『学校の百年(サンタン・デコール)』をみているうちに、日記をつかった教育史らしいので、六七年刊、カンパーニュ社へ買いにゆく。

『教育社会学の一〇年(ソシオロジー・ド・エデュカシオン・デイザン・ド・ルシェルシェ)』を国立教育研究所から借り出し、読んでみる。マスグローブ、ジラルド、ブルデューら、階層や家族による就学のチャンスの不平等を論議している。参考になる。雨降る。傘もささず、本を読みながら歩いている学生、おおいなしのベビーカーに赤ん坊を乗せたまま、これも傘なしで歩いている若い母親。雨は、乾燥したパリで湿気をとる貴重な機会なのか。

二十五日(水)

フランスでは、教科書は、一科目につき二種類、別の店で売っているのが普通。前者は、親が買わねばならぬ教材ばかり集めている店、後者は、教師用教材を売っている店で、全国にある。後者がオデオンにあって、形成的評価をあつかっているものがあったことを思い出し、買いにゆく。ついでに珍しがられたこと――日本人のなかには「フランス文法における祖父母(グラン・パラン)」と題するテーマに興味をもつムッシュウがいる。核家族社会のパリでは、ことはそこまですすんでいても、まだまだなのだ。もちろん買ってはきた。

終日雨降る。腹痛。眠れず。オズフの『教育社会学の一〇年』読む。

二十六日(木)

いつまでも寝ておれず、午後、研究所にゆき、ソヴィの階層による就学、学力不平等に関する初期の論文を、『ポピュラシオン』誌から写す。

帰る途中、エコール通りでバスを降り、家族の教育関係の文献を探す。P・U・Fへいって、ザゾのものを注文すると、店員が、即座に出してくる。最初の版はべつの題で、一九五八年にだされ、現題の『双生児(ル・ジュモウ)』となって公刊されるのは、一九六〇年初版だが、三〇年以上たっているものが即座に買えるとは、日本ではありえぬこと。この息の長さ。もうひとつ、シェルイ（M. Cheroui）の『高学歴の両親（パランテ・ド・ラ・ルシテ・スコレール）』にしてもそうだ。これまた、店員にいうと、すぐに出してくる。本の置き屋にひとしい日本の店員とちがって、日本の司書並み、あるいはそれ以上である。

夜、昨日買っておいたクレサ（CRESA）の『学校と地区の人々（レコール・エ・キャルティエ）』をよんでみる。「学校を開く」ことに反対する勢力との闘争があからさまにかかれている。それが、日本で言えば、「国研」にあたるところから出されているのだから、国家権力の違いの大切さを改めてかんがえざるをえなくなる。

二十七日(金)

高等研究院へゆき、歴史人口学会（S・D・H）の事務局をたずねて、登録の確認のつもりだったところ、ソルボンヌに移った、という。教授も、若い世代に交代の様子。ブルデューは「教育と文化の社会学」、オズフは闘争とかなんとかといった具合で、当方のさぐって来た教育の深部からは離れてきた様子。近くの本屋へはいって、うろうろしていると、マダムがよってきて、なにを探しているのかという。ボルタンスキーだというと、三、四冊だしてくる。オズフはときくと、タイトルがわからぬでは、とそこまで話がすすんだとき、他の店員とのはちあわせがおこった——これはいけないとおもったが、ときすでにおそし。パリのどこでもおこる例の「おしゃべり」がはじまったのである。気のみじかいジャポネはさっさとひきあげる。

午後、ひとりで、サクレクールへでかける。ラパン・アジール、二回目を描く。機会のなかったモンマルトル美術館にはいってみると。二五フランとたかいわりに、これぞというものなし。テルトル広場で、ノルマンディを描いた絵を、三万五千円のところ、三万にねぎって買う。この男、日本語で誘う。絵描き特有のがっしりした手。夜。今夜、あの男はなにをしているだろう、仲間に振舞っているだろうか、画材屋へいって借金を払い、新しくキャンバスを買いこんでいるだろうか、それとも、同じものをもう一点しあげるべく、キャンバスにむかっているのだろうか。

朝につづいて夕刻から、また雨。

二十八日(土)
今日も終日、冷たい雨。午前中、クレサ（CRESA）の『学校と地区の人々』、ポール・ダーニン（Paul Durning）の『家族の教育（エデュカシオン・ファミーユ）』読む。社会主義政権下フランスの新動向をつたえる興味深いもの。
午後、雨のなか、傘さして、ローマのサンタ・マリア・マッジョーレ寺院を模したものというノートルダム・ド・ロレット教会をみにゆく。これは、一見の価値あり。教会ひとつ、ひとつが、歴史をもち、個性をもつと考えれば、当然のことに、あらためて気づく。

サクレクールへいく。昨日の写真、すべて失敗、とりなおしのため。例の広場で、肖像画をすすめる絵描きがいたが、どうしてもその気になれず、自由コミューンの本部になったという二五番地の建物をみて下に降りる。

二十九日(日)

昨夜眠れぬままに読みはじめたバッチ（M. L. Bacci）の論文を午前中かかって読む。少子化をめぐってのもので、数年前、日本のA紙がのせた年頭座談会とそっくりの構成。偶然の一致か、コピーか。

午後、サンジェルマン・アン・レーにゆく。一〇年前とはまったく変わり、車、人ともにふえ、つまらぬ郊外のひとつになっていた。ペリウレ美術館にゆく。モーリス・ドニの旧邸を利用してかれらの後期印象派、象徴派——というより、日本の浮世絵の亜流というところを並べてあるつまらぬもの。風景一枚描く。

三十日(月)

P・U・Fへいく。プレザンスの小さい本買ってかえる。横に『自伝による教師たちの歴史』と題した本が並んでいた。手にとってみると、なんのことはない、年代記ふうの人物事典。それが、なんと、二五〇フラン。この手のインチキが、フランスでもまかりとおっているとは。

国立教育研究所のエルカイムに教えられていたモンルージュへ行き、新教育技術部のディレクターのバロンに会う。なかなかいい男で、期待以上のものをえられた。ここでやっているニュー・テクノロジー研究の理論的源泉はフレネだというのである。そういわれれば、そのとおりで、そうと気づかなかったのは、日本でのフレネの紹介の仕方、受け取り方、それをそうさせた日本の教育工学の教育観がある、と思う。アリエスの『〈子供〉の誕生』の紹介の仕方についても同じことがいえる。原本（一九六〇年、プロン社）は、子どものこの歴史研究が、著者の「デモグラフィ」研究と密接な関係のもとにあることが強調されている。しかし、日本へ入ってからは、その日本語訳（一九八〇年、みすず書房刊）の序文でさらにくりかえし強調されているにもかかわらず、なぜか、この点がすっかりおとされてきたのである。これでは、アリエスの提起したデモスのグラフを心性の次元で云々の議論のまえに、グラフ研究を深める途がとざされてしまうので、歴史研究は、せいぜい社会史どまりのものになってしまう。

オデオンで降り、「教育学」の専門店だったところへいってみる。店はつづいていたが、教育学の棚は、からっぽ。既成のこの学問は、要求されながらフランスでもふるわない、ということか。残念に思う。

十月一日(火)

一一時までの予定で、モンルージュへゆき、一枚描く。小雨ぱらつき、画面を濡らす。かえり、一〇年前、一年おくったババンで降りて見る。建物は、まえのまま。家主のル・デュの札はあったが、コンシェルジュの札はなくなっていた。一〇年という年月の重さ。

昨日考えたことをもう一度考えてみる。日本では「デモグラフィ」を、必要にせまられると「人口学」と訳してきた。しかし、アリエスによれば、デモグラフィが秘めているのは、人びとの生、死、性などに対する「生活態度」であり、その自らに課す「価値感情」である。だからデモグラフィは「心性」の研究へと発展しえたのである。デモグラフィを「人口学」と訳していたのでは、この分野は開けてこなかっただろう。

よくあるいた道をエドガー・キネまで歩いてみる。辻々の風物、なつかしさ、こみあげる。パリビジョンで、モネの旧邸へゆく。ジベルニーの旧家はなんということもない建物だが、モネが蓮を何点もかいている池は、みごたえあり。しかし技巧にはしりすぎ。まわりの村、二、三枚描く。夕刻、六時帰着。ちかくの韓国料理店で夕食。

二日(水)

歴史人口学会の事務局の移転先になっているソルボンヌへゆき、あちこち探すが、みつからず。

三人にたずね、全部ちがうところを教えられる。迷路のなかを、ひきまわされておわる。

午後、ルーブル。ムンク展をやっているというオランジュリーへゆく。両者とも、以前のような落ち着きがなく、さわがしい。しかし、「叫び」を画いたムンクが、あの独自の画風にはいってゆくまえの初期、ベルナールやモネとともに、楽天的な世界を形成していた歴史がみえてきておもしろかった。

セーヌ河畔で一枚画く。ジベールで三冊、買う。杉森君と明日の打ち合わせ。

三日(木)

古書店でハクスリーほか一冊買う。読書、少々。

午後、杉森君の車でモンモランシーへいく。一〇年前、パリビジョンでいったが、おめあての館が休館中で、いけなかったところ。モンルイ通りの坂道にたたずむ小宅、なかにはいって、説明をきき、感動のひとときをすごす。ジャン＝ジャック・ルソーが、パトロンの庇護のもとに、亡命に近い、しかし、重要な一日、一日をおくった仮住まいの空間。

女中兼妻のテレーズがつかった水鉢、便器まで、当時のままの状態で保存。水がなく、遠くの泉まで、食事、便所の水を汲みにいったと、案内人いう。一階が、炊事とテレーズの部屋、二階が、ルソーの仕事場と寝室。『エミール』と『社会契約論』を、そして『新エロイーズ』と『ダランベールへの手紙』を書いた三年間。飾り気のない木製の机と椅子。別棟に、ルソーのもう一つの書斎があり、半畳、こもり部屋のような空間で、日本ででたものまではいっている図書室。『告白』を中心に各版集めた部屋が新しくつけくわえられ、訪問者リストがひらいてあった。少々、本買う。来年、記念のセレモニーがあるので、住所をというので、日本のアドレスを書く。
訪問者のリストに、日本の著名人の名前もあり。「大感動」などと、かかれている。帰りの道迷い、苦労する。夜、ポルト・ド・オルレアンにある杉森君の借家で、奥さん手作りの夕食をごちそうになる。きれいにかたづいたへや。夜、ノート少し。

四日(金)
人口問題研究所へ、お別れの挨拶にゆく。エシュト教授、午後でないとでてこないというので、秘書のベルナールにことづける。
夕食に、杉森夫妻をよぶ。一〇時ころまで話す。ここでお別れをいう、女子学生のようなひかえめの奥方、これで、大学生の娘がいるという。ノートすこし。

五日(土)
朝、ジベールへ出て、五冊ほど、家族教育論関係の本を買う。午後、一〇年前、絵を画いたことのあるセーブルにでかける。これは、たいへんな変貌。車の洪水と再開発による道路の拡張、立体交叉化、そして、騒音と排気ガス。企業社会化とは、こういうことか。旧サン・クラウド高等師範学校まえまでいってあきらめ、ひきかえす。

別の道をたどってみたが、ここでも、旧市街はこわされ、新しいセメント・ビルの建設中だった。アルメニアンのコレージュをみかける。そのめんするセーヌの対岸には、工場の煙突が立ち並ぶ。なにかわびしい気持ちになって、きた道をひきかえす。セーブル焼き博物館みる。夜、ノート。

六日(日)

朝、ムフタールで二枚画く。ムフタールの日曜日、大道芸人たち、それぞれに陣どる。生活をせいいっぱい楽しむフランス市民。テープに、その姿を音にして収める。

ノート少々。荷物をまとめてみるが、とても、入らぬ。明日、P・T・Tでおくることにする。

午後、サクレクールの丘にゆく。また、絵をかってしまう。七百フランを五百フランに、スペインの画家。シテでメトロをおり、サン・ミッシェル通りを歩いて帰る。この道、もう一度歩くことあるだろうか、と思いながら、ひたむきに歩く。

七日(月)

コンシェルジュの「すすめ」にしたがい、朝はやく起き、トランクなど全部下にあずけ、支払いもすませる。ノート少々。

時間があまったので、自然史博物館へゆく。公園で、昼食用のニギリ食べる。ハトが大勢よってくる。二時ちかく、山川へゆき、父が健康だったとき依頼した「ヒマワリ」をみせてもらう。ほとんど抽象になっているのに驚く。グラシエールからババンまで歩く。ポール・ロワイヤル通り、もっと狭かったようにおもっていたが、大きく、さわがしい通りにみえる。歩いてパリジアーナまでかえるとちゅう、山川夫妻とバッタリであう。ド・ゴールまで送ってもらうことになる。

ＪＡＬのなかは苦しく、夕食もどす。成田におりたとたん、じめじめした空気がはだにしみこむ。ニョキニョキのびた庭木が、妙に気になる。鈴の木台の家中カビだらけ。息子の置き手紙あり。

4 オテル・オリオン

一九九六・八・十二―八・二十　プラス・ド・イタリー（パリ十三区）

まえがき

九六年度国際教育史学会、クラクフ（ポーランド）であり。八月七日、成田から出発、直前になって、ポーランドではトラベラーズ・チェックが使えないことがわかり、急きょ、ドル一五〇〇ほど買うなどのハプニングあり。旧友宍戸健君とその友人の四人落ち合い、ふうがわりな空港につく。八月九日（金）、ペダゴギカル・ユニバーシティ（Pedagogical University）で、サリモバに会い、彼女とオランダのドット（Dott）編で出すハンドブックH. B. on the History of Education向けの中内論文（日本＝古代—近世）にたいしてドットがつけてきたコメントひとつひとつについて検討する。宗教改革もルネサンスも通過してない明治前の日本で「教育史」など、成り立ちようもないというのが、彼の持論。リスボン大会でこの説をきいたとき、オランダという国家の精神的先進性をみとめる一方、アヘンでむせかえっていたこの国の首都の駅前を、思い出した。クラクフでの体調はきわめてわるく、八月十日に予定していたアウシュヴィッツのナチスのユダヤ人収容施設ゆきも休んで、ホテルでねる有様になった。学会には、早々にレジュメを送ってあるのに、受けとっていないといってくる有様。十二日、宿舎のノボテル・ホテルをでたあと、ワルシャワゆきの汽車でスリにやられたり、いんちきタクシーにひっかかったりで、さんざんなめにあう。これが、旧社会主義国家の現実。そして、コペルニクスを、ショパンを、キュリーをうんだ国でもある。

一九九六年八月十二日(月)

ノボテル・ホテルを一〇時すぎに出る。これからフランクフルトへゆき、幼児教育学会に参加するという宍戸君らと別れ、パリにむかう。メトロでプラス・ド・イタリーまでゆき、日本の大学にうまくポストをえた旧友の兵藤宗吉君が予約してくれてあるはずのオテル・オリオンを探す。みつけたところで、南仏のバカンスからかえったところという兵藤君に出会う。ホテルの代金前払い、現金がないというと、T・Cにサインしたものでいい、という。

ここは、パリといっても、隣は、地つづきでかの有名な中国人街。フランスでありながら、治外法権地帯。パリには、こういうところが、いくつかある。例えば、中心部でも、ユダヤ人がおさえている地帯。ここでもサインをしたT・Cで買い物ができたので、驚いたことがあったのだ。部屋は文字通りの屋根裏部屋。くたくたにつかれて眠る。

十三日(火)

朝市、兵藤夫妻の案内で近くを散歩。ミュゼ・デ・ザール・モデルヌへゆく。マチス、ピカソの油彩が中心だが、ブラマンクの個人コレクションのものもまじっていて、これはひろいもの。なぜか、ひどく疲れる。夕食すますと、うたたね、そのまま寝こんでしまう。恐らく、この画家たちに、それを知らぬまにノックアウトされたということ。

十四日(水)

朝食前に近くをあるいて、二、三スケッチ。なんということなし。むりに題材をつくりあげるものになる。パリといっても、すべてが絵になるわけでなし。

ムフタールへいってみる。そして、ラスパイユの旧スッディオのまえに立ってみる。しかし、ここも、変わり果てる。要暗証。両側は売りにでている。パンテオン・パリジアーナのほうは、他人の手にわたったのか、マンションに改装して、分譲中。近所にあったアンチークの店もいっぱんのガラス食器の店に転業。

いまは故人になった経済史学の高橋誠君の手びきで知ったパリジアーナ。あのころよくいった換金の店ではT・Cもドルもあつかわない、という。郵便局でもことわられる。教えられた銀行では、客をひとりずつしかいれないという非能率ぶり。防犯上ということか。なつかしいゲーテ通りもすっかりアメリカ化され、セックス・ショップばかりが並ぶ。ボビノときたら、まっしろに塗られ、屋根が改造されてチンドン屋ふう。エドガー・キネがもっていた知的な雰囲気はどこにもなし。
「アメリカ化」というかたちで押しよせるグローバルな企業化の波にたいして過剰に自己閉鎖的になり、妙な変化がすすんでいるということだろうか。

十五日(木)

本日、日本帝国のポツダム宣言受諾の日・京城府公立京城中学二年生として、自分たちの未来に対するなんの見通しももてないまま過ごした一日。それにつづく不安の日々。掠奪、恐喝、止ったまま動かなくなった車中から見渡す廃墟の広島。あの日々から数えて約半世紀。フランスは祝日で、休み。町中静か。

計画のままになっていたバルビゾンへ、兵藤夫人運転、四名でいく。どんな空間がひろがるかと楽しみにしていたが、ここ数年のことか、荒っぽく観光地化され、「ヴィラージュ村」の面影どこにもない。H・ルソーのアトリエ、ミレーのアトリエ（遠縁の人が管理していた）、バルビゾン派の作品を集めた（といっても、逸品、大作はすべて、ルーブル、日本のヤマナシなどに流出）ミュゼ・ガンヌ。どこも、心をゆさぶるものなし。フォンテンブロー城をまわり、かえる。

十六日(金)

オテル・オリオンから中華街をぬけてアラブ研究所まで歩く。アラブは、よかった。イスラエルはバイブルのみだが、この世界は、コーランのほかに、学芸をもっている。両方とも商業民族だが、最後まで残るのは、どちらか。

夕刻、最高裁の内部?にある(日本では考えられない)シャペルでのバイオリン室内楽をききにゆく。例の「四季」。

兵藤夫人の車で各地まわる。エルムノンビル。あのときあしがくぎづけになった「隠者の旅籠」(オステルティエール・エルミタージュ)は平凡な安宿にかわり、歴史を秘めて鎮まりかえっていたルソー公園も、ただの広場、すべてが俗物化したさまにおどろく。車があふれ、さわがしく、かつての姿なし。ルソー公園のミュゼは休み、旧領主の館が近代的なホテルになって、門をひらいていた。

予定外だったシャリは、旧修道院、もと銀行家の妻が金にあかせて集めた古美術品を納める建物が付設されていて、なかにルソー関係のコレクションあり。例の繊細な筆跡の原稿、その手で集めた植物標本など、エルムノンビルのミュゼにはないものあり。

サンリスには、三世紀ローマ時代の城塞跡あり。まわり一帯、どこをみても、古代、中世の面影ただよう。かつては活力ある小都市だったが、ここ数年さびれるばかり、とレストランの主人いう。グローバルな波が、このような存在をゆるさなくなった、ということか。デモグラフィはこの変化をどうとらえるか。人口集中？　とすれば、その深部にある心性。

シャンティは、土曜日のせいか人があふれ、ほこりっぽく、以前の雰囲気なし。ミュゼ・コンテも見ず、ほうほうのていで退散。

七時帰宅。日なお沈まず。

十八日(日)

本日は、日曜日。ラスパイユのスツディオ、パンテオン・パリジアーナのレシダンスにいたころは、日曜となると、町中しずまりかえり、教会の鐘の音だけとなったのに、ここでは、その気配なし。平日とあまり変わらず、騒音も、ご同様。

ルネ・クレールの名作『パリの屋根の下』（一九三〇年）ほか、パリは古くからさまざまにえがかれてきた。いったい、どれがパリなのか。いつだったか、マリがムフタールのちいさなカフェにこしかけて、「セ・パリ」といったことがあったこと、思いだす。いずれにせよ、パリはひとつではないのだ。兵藤君より電話。おとなげもないバトー観光は止め、サンジェルマン、サクレクールを歩いてみることにする。

サクレクール正面は、ごったがえす人波。テルトル広場など、ひとをかきわけて歩くしまつ。

ユトリロの家画く。すこし軽いがものになるかもしれない。もう一枚、ラパン・アジール、一度画いたところ、もう一度画く。前回のように、もりあがるものなし。かたちは、ととのってきたが、それだけのこと。ピカソ若かりしころの、いわゆる「バトー」みつける。いまは、ただの安ホテル。前の広場は、失業者たちの溜まり場になっていた。

パンテオンした、すこしすぎたところにあるリプシイという本屋に立ち寄る。ここに、廃刊になった歴史心理学関係の雑誌のバックナンバーがあると聞いたので、よってみたが、おそらくバカンスで閉店中。八時、オテル・オリオンに帰るも、西日はいり、暑い。文字どおりの三流滞在式ホテル。

十九—二十日(月—火)

朝、近くを散歩。一〇時一〇分、あとに残る兵藤君むかえにくる。ド・ゴール空港まで送ってもらう。二十日、一二時一五分、フランクフルトをへて、関西空港着。余裕の金をもっていたが、兵藤君に、ガソリン代として百ドルわたすと、つかえなかったT・Cだけのこって、ゼロになる。こういうこともあるのだ。

名古屋にかえると、はだにしみこむ湿気のなかで、大量の郵便物の処理におわれる。パリをおおっていた波を、あらためて思い起こす。アリエスが生きていたら、この波をどう語るだろうか。

その否定はパリを舞台にこれまでにも実践された歴史的事例同様、空想主義の愚をくりかえすだろう。とすれば、企業社会の修正にしても、これを生産と消費の系だけで考える固定観念からぬけ出し、手なずけるほかあるまい。

あとがき

序言でものべたが、本書はまんぜんたる旅行記ではない。学術上のはっきりした主張を含んでいる。うけ入れられるかどうかは別として、この点は明記しておかなければならない。その反面、本書はドキュメンタリーな滞在記であり、登場する人物は、故人、現存のばあいとも、原則として実名で書かれている。注意したつもりだが、不快の思いをされる方もいるかもしれない。虚言はできないから、その場合には著者の非力をまえもってわびておく外ない。

すでに記されている日録を整理してよみやすいよう転記するだけだから簡単なしごとと思い、年齢もよく考えずにはじめたが、意外に難航した。綴方・作文史上、綴方は「芸術」としての「文学」作品かというかたちで早くから気づかれ、論争されてきた問題に自分が当面していることに気がついたのは、三回目かの除加筆をおこなうころになってからだった。そう思うとすこし気が楽になりなんとか終了をむかえた。

学術書出版不況のおり、本書のごときものが日の目をみることができたについては、藤原良雄書店主の好意あってのことであることはいうまでもない。また実務にあたった刈屋琢さんほか書店編集部の方々の助力にも感謝したい。

二〇一四年五月

中内敏夫

著者紹介

中内敏夫（なかうち・としお）

1930年高知県生まれ。一橋大学名誉教授。教育学・教育史。京大・東大（院）卒。

1965年、國學院大學専任講師のポストに就く。71年、お茶の水女子大学助教授に転ず。75年頃より、京都府教育研究所の評価論研究に協力し始める。84年、一橋大学教授に転ず。94年、中京大学教授に転ず。2001年、同停年退官。以来、教育目標・評価学会の同人活動に専念。

主要著訳書に『学力と評価の理論』（国土社、1971年、改訂増補版1976年）『新しい教育史』（新評論、1987年、改訂増補版1992年）『綴ると解くの弁証法』（渓水社、2012年、改訂増補版2013年）『中内敏夫著作集』（全8巻、藤原書店、1998-2001年）アリエス『「教育」の誕生』（共編訳、藤原書店、1992年）『人間形成論の視野』（共編、大月書店、2004年）ほか多数。

心性史家《しんせいしか》アリエスとの出会《であ》い——“二十世紀末《にじっせいきまつ》” パリ滞在記《たいざいき》

2014年6月30日　初版第1刷発行©

著　者　中 内 敏 夫

発行者　藤 原 良 雄

発行所　株式会社　藤 原 書 店

〒162-0041　東京都新宿区早稲田鶴巻町523

電　話　03（5272）0301

ＦＡＸ　03（5272）0450

振　替　00160 - 4 - 17013

info@fujiwara-shoten.co.jp

印刷・製本　中央精版印刷

落丁本・乱丁本はお取替えいたします
定価はカバーに表示してあります

Printed in Japan

ISBN978-4-89434-976-6

江戸期農村の豊かな人間形成力

子宝と子返し

〈近世農村の家族生活と子育て〉

太田素子

近世農村の家族にあった、子どもへの強い情愛と丁寧な子育て。嬰児殺し、捨子といった子育ての困難、悲しみを直視しつつ、日記などの生活記録を丹念に分析し、仕事を介した大人―子どものコミュニケーションなど、その豊かな人間形成力を読み取る。

第2回「河上肇賞」奨励賞
第6回角川財団学芸賞

四六上製　四四六頁　**三八〇〇円**
（二〇〇七年二月刊）
◇978-4-89434-561-4

「生きる主体」としての人間形成史

「育つ・学ぶ」の社会史

〈「自叙伝」から〉

小山静子・太田素子編
山本敏子／石岡学／前川直哉

勝小吉、福沢諭吉、新島襄、堺利彦、木下尚江、山川均、神近市子、鳩山春子、相馬黒光、また大正・昭和の企業人たち――個人の多様な生が主観的に記された「自叙伝」を素材に、新しい人間形成史を構築する、画期的成果。

四六上製　三〇四頁　**三〇〇〇円**
（二〇〇八年九月刊）
◇978-4-89434-644-4

近代家族の誕生と「保育」

保育と家庭教育の誕生 *1890-1930*

太田素子・浅井幸子編
藤枝充子／首藤美香子／矢島（小菅）直子／梅原利夫／後藤紀子

家庭教育・学校教育と〝幼稚園教育〟との関係、〝近代家族〟成立との関係、幼稚園・保育所の複線化、専門職としての保育者という視点――これらの課題に取り組むことで、今日の子どもをめぐる様々な問題解決の糸口を掴む試み。

四六上製　三四四頁　**三六〇〇円**
（二〇一二年二月刊）
◇978-4-89434-844-8

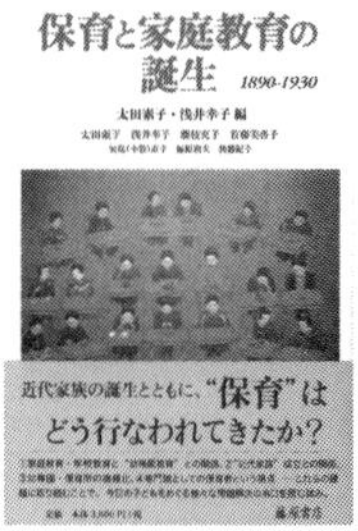

教育にとって自治とは何か

教育と自治の心性史

〈農村社会における教育・文化運動の研究〉

小林千枝子

社会史・心性史の手法により、手記・同人誌・文集など、戦前民衆文化の一次史料を読みとく労作。下中弥三郎、大西伍一、中西伊之助、犬田卯、尾高豊作、平野婦美子、寒川道夫らと、無名青年たちの活動を描く。

Ａ５上製　五六八頁　**一〇〇〇〇円**
（一九九七年一〇月刊）
品切◇978-4-89434-080-0